LOS
LEGALIZADORES

LOS LEGALIZADORES

Los hombres y mujeres detrás
de la revolución del cannabis

**RAFAEL MATHUS RUIZ
ISABEL PIQUER**

temas 'de hoy.

Diseño de portada: Liz Batta y Luis Sánchez Carvajal
Imágenes de portada: © Shutterstock

© 2014, Isabel Piquer
© 2014, Rafael Mathus Ruiz

Derechos reservados

© 2014, Editorial Planeta Mexicana, S.A. de C.V.
Bajo el sello editorial PLANETA^{M.R.}
Avenida Presidente Masarik núm. 111, 2o. piso
Colonia Chapultepec Morales
C.P. 11570 México, D.F.
www.editorialplaneta.com.mx

Primera edición: septiembre de 2014
ISBN: 978-607-07-2350-6

Impreso en los talleres de Litográfica Ingramex, S.A. de C.V.
Centeno núm. 162-1, colonia Granjas Esmeralda, México, D.F.
Impreso y hecho en México / *Printed and made in Mexico*

Índice

Introducción

Estados Unidos vive la revolución del cannabis. El 6 de noviembre de 2012 dos estados del país, Washington y Colorado, legalizaron la mariguana y crearon un modelo para producirla, distribuirla y venderla para "fines recreativos". Nunca antes se había hecho algo así y todo ocurría en el país que había intentado como ningún otro erradicar la hierba.

Para las personas que habían forjado ese triunfo durante años, el mensaje fue inequívoco: había nacido una nueva era. Estados Unidos comenzaba a dejar atrás casi un siglo de prohibición y se encaminaba a sacar de las sombras a la droga más popular del planeta. Una industria multimillonaria cobraba fuerza, legitimada por millones de votos, y una de las reformas de política pública más complejas de los tiempos modernos, que se había gestado poco a poco, daba su salto más significativo. Era el principio del fin, y no sólo del fin de la prohibición de la mariguana; algunos avizoraban el preludio del fin de la guerra contra las drogas.

Para ellos, ya no había vuelta atrás.

Como suele ocurrir con los cambios históricos, la mariguana había avanzado de manera paulatina, por momentos imperceptible, sin prisa, pero sin pausa, hasta esa noche de noviembre en la que "salió del armario" y apuró su marcha en busca de la legitimidad definitiva. Al año siguiente, la Casa Blanca avaló la reforma, admitiendo así, implícitamente, el fracaso de la prohibición. Unos meses más tarde, en la otra punta del continente, Uruguay, que había llevado a cabo su propio proceso hacia la legalización, se convirtió en el primer país en seguir a Washington y Colorado.

El cannabis había recorrido un camino de casi 100 años marcado por las mutaciones de su identidad hasta alcanzar ese momento.

Antaño, era una mera planta con algunos fines terapéuticos. Pero con el tiempo se convirtió en una "hierba mortífera", y fue denostada, marginada y prohibida. Con los años, recuperó su papel terapéutico, volvió a ser vista como una medicina para millones de personas, y adquirió un nuevo atractivo: se convirtió en un negocio ameno para el paladar de los inversores de Wall Street y en una incubadora de emprendedores capaz de engendrar empresas con la misma voracidad y ambición que en su momento mostraron las "punto com".

El mercado despierta un gran interés. El cannabis es la sustancia ilícita más popular del planeta. Más de 180 millones de personas lo consumen cada año y su uso ha aumentado en todo el mundo a pesar de la prohibición: en 2011, el 3.9 por ciento de la población mundial adulta consumió en algún momento cannabis, una cifra ligeramente superior a la de 2009, según estimaciones de la Organización de las Naciones Unidas (ONU). El cannabis se ha instalado entre los hábitos de jóvenes y adultos, pese a los intentos por desterrarlo.

En Estados Unidos, el "consenso prohibicionista" comenzó a ganar fuerza a principios del siglo XX, en el *heartland*, lo más profundo del país, donde surgieron las primeras leyes que restringieron o prohibieron su uso. En un puñado de años, el rechazo a la hierba se extendió estado por estado, de manera incesante, hasta que en 1937 una ley federal la prohibió en todo el país. Hacia 1961, la lucha contra las drogas llevó a la creación de la Convención Única sobre Estupefacientes de la ONU, el paraguas bajo el cual florecieron leyes en casi todos los países para impedir su proliferación.

Fue en vano. La prohibición ha creado un mercado ilícito de miles de millones de dólares y propiciado una actividad criminal que ha generado violencia y corrupción en todo el planeta, sobre todo en América Latina, principal productor y exportador de drogas. Millones de personas son detenidas cada año en todo el mundo por consumir o vender mariguana, desde el usuario ocasional hasta el traficante internacional. Cientos de miles han muerto a manos de la narcoviolencia.

En su viaje de la prohibición a la legalización, el cannabis ha cambiado de nombre y de reputación, un fiel reflejo de las mutaciones de su identidad.

La hierba pasó de ser llamada "cannabis", su nombre científico, a ser conocida como "mariguana", el nombre con el que fue bautizada en México, a transitar el camino inverso, para regresar a "cannabis".

El cannabis se ha utilizado durante miles de años como medicina y como psicotrópico. Su origen ha sido rastreado hasta Asia, en las cordilleras del Himalaya. El registro más antiguo sobre el consumo de la hierba para fines terapéuticos proviene del emperador chino Shen Nung, cuyo nombre significa "Granjero Divino", en el año 2727 a. C. Los antiguos griegos y romanos también conocieron el cannabis, mientras que en Oriente Próximo su uso se extendió por todo el imperio islámico hacia el norte de África.

En 1545, el cannabis cruzó el Atlántico y viajó hasta el hemisferio occidental. Su recorrido hacia América se produjo a través Europa. Los españoles lo trajeron a lo que hoy es América Latina y, más tarde, los ingleses hicieron lo propio en América del Norte, donde el cáñamo creció en muchas plantaciones coloniales para producir cuerda, ropa y papel. Dos padres fundadores de Estados Unidos, George Washington y Thomas Jefferson, cultivaron cáñamo.

Los efectos del uso del cannabis, ya sea como intoxicante o como medicina, eran conocidos en Estados Unidos hacia fines del siglo XIX. El cannabis ya era utilizado por sus virtudes terapéuticas, además de sus efectos psicotrópicos. En 1883, la revista mensual *Harper's* publicó un artículo sobre una "Casa de hachís en Nueva York", donde una persona podía disfrutar con una pipa de "cáñamo narcótico". Por esos años ya se comercializaban en las farmacias de la época botellas de "Cannabis Indica".

El cambio de siglo marcó un quiebre. La droga cobró una mala reputación en Estados Unidos que llegó desde México, donde el cannabis estaba asociado a la violencia, la locura, las barracas y las prisiones.

A principios del siglo XX, durante la Revolución mexicana, cientos de miles de mexicanos emigraron a los estados del sur y el oeste del país y trajeron con ellos el hábito de fumar cannabis junto con el nombre mexicano de la droga, "marijuana", según recopilaron los historiadores Richard Bonnie y Charles Whitebread II.

Por esa época ya se leían historias sobre la droga en México, publicadas por el periódico en inglés *The Mexican Herald*. Estos artículos llegaban a Estados Unidos a través de la agencia de noticias Associated Press. El historiador Isaac Campos, que investigó la historia de la prohibición del cannabis en México, argumenta que el viaje de estas ideas, un poco más que la llegada de mexicanos, ayudó a instalar la ansiedad sobre la hierba.

Un ejemplo ilustra la narrativa: "Delirio o muerte: terribles efectos producidos por algunas plantas y malas hierbas que crecen en México", fue el titular de un artículo publicado en el periódico *Los Angeles Times* en 1905, que relataba la historia de un hombre que había asesinado a un policía y herido a otros tres luego de fumar la hierba.

"La gente que fuma mariguana finalmente pierde la cabeza y nunca se recupera, pero sus cerebros se secan y mueren, muchos de ellos súbitamente", afirmaba el recuento del ataque, sin ahorrar dramatismos.

Muchos años después, otro artículo en el periódico *The New York Times*, en la otra punta del país, mostraba la misma línea argumental: "Mata a seis en un hospital", rezaba el título. Debajo, más detalles: "Mexicano, enloquecido por mariguana, corre furiosamente con cuchillo carnicero". Publicado en 1925, cinco años más tarde de que la hierba fuera prohibida en México, el artículo relataba la historia de Escrado Valle, un granjero de 27 años, antiguo miembro del Ejército mexicano. "Policía dice que luego de ser llevado a prisión y calmado, negó todo conocimiento de la refriega", afirmaba el último párrafo.

La ola de prohibición se desató durante los años de la Primera Guerra Mundial y la Gran Depresión. En esa época, el consumo del cannabis estaba vinculado, sobre todo, a trabajadores agrícolas mexicanos, pero también a afroamericanos y músicos de *jazz* (la hierba había entrado al país también por Nueva Orleans, desde el Caribe). Era una droga asociada a grupos marginales de la sociedad, crimen violento, adicción y demencia. Ya había adquirido una mala reputación y se la conocía como *loco weed*.

La prohibición del cannabis, construida sobre información anecdótica y huérfana de rigor científico, comenzó en los estados. En apenas dos décadas se expandió a todo el país. Harry J. Anslinger, el primer "zar" contra las drogas de Estados Unidos, contribuyó a divulgar la mala reputación durante su ofensiva contra la hierba, que culminó con su prohibición federal, en 1937, a través de una ley llamada *Marihuana Tax Act*. (Esta ley, además, institucionalizó el nombre dado por la jerga mexicana a la planta.)

Con esta historia de trasfondo, todos en el movimiento a favor de la legalización abogan por utilizar su nombre científico, "cannabis". El motivo es doble: despojarla de sus viejos estereotipos para terminar de forjar su cambio de identidad y de estatus, y despegar al movimiento de ese pasado.

NACE UN MOVIMIENTO

El cambio de identidad que ha sufrido el cannabis es obra de la gente.

Desde su llegada a Estados Unidos, el cannabis ganó popularidad poco a poco y el perfil del consumidor cambió radicalmente. En los años 60 se instaló en la vida de las universidades del país y se convirtió en un ícono de rebeldía y protesta. Décadas después recuperó su antigua aura medicinal al ayudar a enfermos de sida o de cáncer a combatir los efectos de sus tratamientos. De ser una droga marginada pasó a ser la más popular. De ser una fuente de crimen y violencia pasó a ayudar a gente enferma.

California es una síntesis de esa transformación. Uno de los estados con más latinos de Estados Unidos gracias a la inmigración mexicana, sobre todo de trabajadores agrícolas, fue uno de los primeros en prohibir el cannabis, en 1913, y el primero en abrir la puerta a la actual ola de legalizaciones, en 1996. Hay rincones en California donde el cannabis es el epicentro de la economía. El más famoso es el "Triángulo de la Esmeralda", formado por tres condados, Humboldt, Mendocino y Trinity, donde se cultivan plantas consumidas en todo el país. Hay quienes sueñan con que un día esa región equipare en fama a los viñedos del Valle de Napa.

El cannabis nunca ha dejado de formar parte de los hábitos de los estadounidenses ni ha dejado de importarse, cultivarse, distribuirse o consumirse. Como dice un granjero de California: "Es una planta. Se va a cultivar, se quiera o no. No se puede controlar".

Fue justamente en California donde se forjó el primer punto de quiebre que dio nacimiento al *cannabusiness*, como se ha bautizado al ya multimillonario negocio que rodea a la hierba. En 1996, California fue el primer estado en legalizar el consumo de cannabis para fines terapéuticos. Desde ese momento, el avance de la legalización continuó, año con año, estado por estado, creando una nueva clase de emprendedores, los *ganjapreneurs*, granjeros y dueños de dispensarios que sembraron las primeras semillas de la industria.

El *cannabusiness* aspira a moldear un mercado estimado en 50 mil millones de dólares, sólo en Estados Unidos. En la industria trabajan no sólo *hippies* que aman la planta, sino también emprendedores, abogados, ingenieros, contadores, químicos, biólogos, médicos, agricultores, cocineros, publicistas, personas con tres títulos universitarios y sin educación, hombres y mujeres (más hombres que mujeres, y hombres y mujeres blancos, pues se ven pocos integrantes de las minorías) atraídos por la "fiebre verde", la versión moderna de la "fiebre del oro".

Algunos de ellos, no todos, luchan por la legalización y sienten una mística particular por lo que hacen. Sienten que están ayudando a cambiar la historia, a promover el fin de la prohibición con empresas serias y profesionales que ayuden a arrebatarle el negocio al mercado negro y a pulverizar la guerra contra las drogas. Otros lo hacen sólo por dinero. Y otros no quieren saber nada de la legalización: la prohibición, al inflar el precio de la hierba, ha mantenido altos los márgenes de rentabilidad de sus negocios.

La industria ya cuenta con empresas multinacionales, conferencias anuales en las que se discuten ideas de negocios, innovaciones y avances tecnológicos y una organización dedicada a hacer *lobby* para las empresas en Washington, la Asociación Nacional de la Industria del Cannabis (NCIA, por sus siglas en inglés).

Los más optimistas hablan del día en el que sus empresas cotizarán en Wall Street, de cómo el cáñamo podrá ayudar a la lucha contra del cambio climático y de las infinitas posibilidades que los inversores pueden hallar en la "próxima gran industria estadounidense".

Los críticos del negocio que ha abierto la legalización,

por el contrario, tiñen el panorama con una advertencia: la industria del cannabis se encamina a construir un conglomerado corporativo similar al del tabaco y el alcohol, que promoverá el abuso en el consumo de la droga.

Esa advertencia no parece haber hecho mella en la opinión pública, que de momento se ha volcado a favor del cambio. De hecho, hasta ahora, la transición de la prohibición a la legalización no sólo ha avanzado, sino que se ha se acelerado, aunque aún no haya terminado de materializarse en todo el país.

Algo es innegable: en Estados Unidos la pregunta que predomina, la que más se discute, es "cómo" legalizar el cannabis o "cuándo" se legalizará, no "si" la legalización es una idea acertada o no. Ha sido, hasta hoy, el gran triunfo del movimiento a favor de la mariguana.

Los costos de la prohibición y de la guerra contra las drogas han facilitado este logro. Ello, sumado al alza sostenida del consumo, el éxito del cannabis medicinal y la promesa de una nueva industria, ha dado fuerza al giro del debate.

En Estados Unidos, Europa y América Latina han despuntado tres alternativas a la prohibición. La primera, la más cercana al *statu quo*, es despenalizar la posesión de la droga. Esta opción, popular en Europa, es políticamente correcta y suficientemente suave para evitar el estrés que conllevan los cambios bruscos: mantiene el mercado negro para la producción y distribución de la hierba, sin castigar a las personas que la utilizan.

La segunda alternativa es legalizar y regular la producción y distribución del cannabis, pero sólo para uso terapéutico. Fue el primer paso que dieron casi la mitad de los estados de Estados Unidos. Canadá, Israel y la República

Checa también han permitido, con variantes, el uso médico de la planta.

La tercera alternativa, la de legalizar y regular el uso terapéutico y recreativo de la droga, es, en términos llanos, "la última frontera". Uruguay, en América Latina, y Washington y Colorado, en Estados Unidos, fueron los primeros en cruzarla.

En Europa, varios países han optado por alguna de las dos primeras alternativas o por ambas. Portugal, que se cita a menudo como un pionero, despenalizó el consumo de todas las drogas en 2001, pero no legalizó su distribución o producción. En España existen clubes sociales o cooperativas de cannabis, que lo distribuyen entre sus propios socios sin fines de lucro. En los Países Bajos la situación es más ambigua de lo que parece. Pese a la popularidad de sus *coffee shops*, aún es ilegal producir mariguana y sólo ha sido tolerado el consumo en pequeñas cantidades.

En 2013, Uruguay se convirtió en el primer país del mundo en legalizar el cultivo, la distribución y el consumo de cannabis para cualquier fin, a través de un monopolio estatal y en clubes sociales, similares a los que existen en España.

Estados Unidos es el único país del mundo donde pueden encontrarse todas las alternativas juntas: en 2012, Washington y Colorado legalizaron la droga, al igual que Uruguay; 23 estados y el Distrito de Columbia permiten algún tipo de uso con fines médicos, y 18 estados han despenalizado la posesión.

No hay soluciones perfectas. La crítica más común a la despenalización es que es no resuelve el problema del narcotráfico, puesto que permite la subsistencia de un mercado negro. A la legalización para fines médicos se le acusa de llevar a una legalización "de facto", dada la relativa facilidad con la cual un usuario puede convertirse en "paciente". El temor más extendido sobre la legalización plena es que genere un drástico aumento en el uso y el abuso de drogas.

Ninguna alternativa ofrece certezas respecto de su efectividad para socavar el narcotráfico, la narcoviolencia, la longevidad de los cárteles de drogas o el crimen organizado, cuyo negocio más lucrativo son las drogas duras, y además ha ampliado sus operaciones a otras actividades ilícitas, como la trata de personas o el tráfico de armas. Así como las empresas reaccionan a los cambios en las leyes y los mercados, el crimen organizado sabe adaptarse.

Hoy existen estimaciones, aunque no cifras exactas, que sugieren que la mayor parte del cannabis distribuido en Estados Unidos se cultiva en Estados Unidos. La ONU ha reconocido que los cultivos ocurren en "prácticamente todos los países", y, con frecuencia, están abocados a abastecer a los mercados locales más que al narcotráfico. Dicho de otro modo: la producción se ha atomizado y se ha dispersado. Quizá por eso el debate sobre la política del cannabis en Estados Unidos apenas toca de manera tangencial lo que ocurre en América Latina. Aunque existen referencias a los cárteles mexicanos, la narcoviolencia y el narcotráfico, la discusión es más insular, y la atención está mucho más enfocada en el impacto de la guerra contra las drogas en el tejido social del país.

Pero esa discusión es relevante para el resto del mundo, porque lo que ocurre dentro de Estados Unidos impacta también fuera, y ningún otro país ha sido tan determinante en la política global de las drogas. Aunque Washington no fue pionera en la prohibición del cannabis —México, sin ir más lejos, vetó la droga antes, en 1925—, impulsó con determinación la Convención Única sobre Estupefacientes de 1961 de la ONU y ha sido la principal promotora de la lucha contra el narcotráfico.

LA GUERRA CONTRA LAS DROGAS

El debate sobre la legalización del cannabis va más allá de sus usos, virtudes y defectos. Es un debate de políticas de drogas, de política exterior y de política pública. Y es, también, una discusión sobre geopolítica, que involucra a todos los grandes poderes globales y está entrelazada con una discusión mucho más amplia sobre el fracaso de una política que cuenta ya con casi medio siglo de vida: la guerra contra las drogas.

En 1971, Richard Nixon puso en marcha una última ofensiva antidroga que se extendió hasta el siglo XXI. El cannabis, visto como una "puerta de entrada" a sustancias más duras, se convirtió en la punta de lanza de esa lucha. Una década más tarde, Ronald Reagan institucionalizó una política de "mano dura" y creó un andamiaje legal que provocó el encarcelamiento masivo de millones de personas, un fenómeno que golpeó con particular dureza a las minorías y que no logró contener el alza del consumo. George H. W. Bush, su hijo, George W. Bush, y el demócrata Bill Clinton siguieron la línea de la "mano dura".

Sólo dos presidentes han intentado revertir esa política: Jimmy Carter en los años 70 y ahora Barack Obama.

Obama ha sido el primer presidente de Estados Unidos en avalar la legalización del cannabis. No ha sido un espaldarazo directo al cambio de política oficial, sino un guiño con una actitud pasiva, de "no intervenir" en el fenómeno.

En 2004, un joven Obama en su carrera hacia el Senado de Estados Unidos criticó la guerra contra las drogas y se mostró a favor de despenalizar la posesión de cannabis, sin llegar a dar un aval total a la legalización. Años después, ya lanzado hacia la Presidencia, prometió que iba a permitir el uso medicinal de la hierba.

En 2009, al llegar a la Casa Blanca, Obama cumplió esa promesa y se convirtió en el primer mandatario en darle el visto bueno al uso del cannabis para fines terapéuticos. Fue el primer respaldo de un presidente al cannabis en décadas.

En octubre de ese año, un memorando del Departamento de Justicia, conocido como "memo Ogden" por llevar la firma del procurador general adjunto, David W. Ogden, envió una orden a todos los fiscales federales del país: ya no debían utilizar "recursos fiscales y de investigación limitados" contra los usuarios o dispensarios de mariguana medicinal en los estados donde fuera legal, siempre y cuando cumplieran con las regulaciones estatales y no sirvieran de pantalla para organizaciones criminales o comercializaran la droga con otros fines.

Sin margen político para modificar la ley federal, Obama trazó una línea imaginaria y separó al cannabis del resto de las drogas, siempre y cuando fuera distribuido para fines terapéuticos, con ciertas garantías y restricciones. Había nacido una nueva política. El gobierno federal, que llegó a enviar al Ejército a arrancar plantas de cannabis en California, buscaba ahora una forma de convivir con el avance de la planta. Obama marcó el primer cambio de timón de la Casa Blanca respecto de la hierba desde Jimmy Carter, quien intentó, sin éxito, despenalizar su posesión.

Al poco tiempo comenzaron a florecer nuevos dispensarios en los estados donde la mariguana medicinal era legal.

Con guiño a la hierba y todo, el "memo Ogden" impuso condiciones y dejó suficiente margen de maniobra para que la Casa Blanca pudiera arremeter, a su juicio y discreción, en contra de los dispensarios. Fue lo que ocurrió. Poco tiempo después, Obama descolocó a la comunidad del cannabis al lanzar una cruda ofensiva contra granjeros y dispensarios a través la Agencia Antidrogas de Estados Unidos (DEA, por sus siglas en inglés), la cual se concentró en California. Las publicaciones que daban prioridad a la cobertura de las noticias sobre la legalización, como el sitio *The Huffington Post* o la revista *Rolling Stone*, no tardaron en hablar de una "guerra contra la mariguana".

El propio Obama justificó y le restó importancia a la ofensiva. Dijo que no se había comprometido a "dar un cheque en blanco" a los grandes productores y operadores de mariguana y que la DEA se había centrado en un "área oscura" donde había dudosas operaciones a gran escala.

Esa aparente ambigüedad presidencial se diluyó en 2012.

Desde su reelección, Obama ha avalado la legalización de Washington y Colorado al adoptar una política de cauta neutralidad respecto de esos experimentos; ha aflojado un poco más la "mano dura" impuesta por Ronald Reagan al ordenar a sus fiscales dejar de aplicar los severos castigos para algunos delitos de drogas creados en los 80, y se ha mostrado a favor de quitar al cannabis de la lista de sustancias prohibidas por el gobierno federal.

"No creo que sea más peligrosa que el alcohol", dijo Obama, conocedor de la hierba en su juventud, en una entrevista con la revista *The New Yorker*, muy celebrada por el movimiento.

El mismo Obama matizó luego esa frase en una entrevista con la cadena CNN, en la cual se unió a las voces que esbozan advertencias sobre el futuro del *cannabusiness*. "Si las grandes corporaciones con muchos recursos y capacidad de distribución y comercialización de repente van por ahí vendiendo mariguana, los niveles de abuso pueden aumentar", señaló.

El guiño más contundente de Obama a la legalización ha sido, paradójicamente, su inacción. Con sólo permitir el avance del cannabis, Obama se ha diferenciado de sus antecesores. El fenómeno había comenzado mucho tiempo antes de su llegada a Washington. Al dejar que siga su curso, el presidente estadounidense ha brindando garantías —pocas, pero garantías al fin— de que la Casa Blanca no será un obstáculo, al menos hasta el final de su mandato.

Ha habido otros políticos, dentro y fuera de Estados Unidos, que han presionado por un cambio. En 2011, la Comisión Global sobre Políticas de Drogas, liderada por tres ex presidentes de América Latina —Fernando Henrique Cardoso, de Brasil; César Gaviria, de Colombia, y Ernesto Zedillo, de México— declaró que la guerra contra las drogas era un fracaso y que era necesario un cambio de políticas. Los ex presidentes recomendaron experimentar con "modelos de regulación", sobre todo para el cannabis.

Pero antes de que actuaran los políticos, ya habían actuado los activistas, que lograron movilizar a los partidarios del cannabis y comenzaron a sumar gente a su causa.

LOS PIONEROS DEL CANNABIS

El movimiento a favor del cannabis despertó durante la presidencia de Nixon. El paso del republicano por la Casa Blanca marcó el nacimiento de los tres pilares que han dado forma al debate sobre la política de drogas en Estados Unidos. En 1970, el Congreso aprobó la Ley de Sustancias Controladas, que actualizó la legislación federal a la Convención Única de Naciones Unidas. Ese mismo año nació la primera organización dedicada a impulsar la legalización, llamada National Organization for the Reform of Marijuana Laws (NORML). Un año más tarde, Nixon puso en marcha la actual guerra contra las drogas.

Durante la década de los 70, NORML, una organización austera para los parámetros de Estados Unidos, que agrupó a lo largo y a lo ancho del país a los primeros —y más radicalizados— defensores de la hierba, trabajó a favor de la despenalización del uso personal del cannabis, una política respaldada por Jimmy Carter. En esos años 11 estados despenalizaron la droga. Esa tendencia se cortó con el triunfo electoral de Ronald Reagan, que abrió un prolongado invierno para el movimiento.

La primavera llegaría en 1996. El movimiento consiguió su primer gran logro en California, que legalizó en una consulta popular el consumo de mariguana para fines terapéuticos. Ese triunfo no sólo marcó un punto de quiebre. También le mostró al movimiento el camino hacia la legalización: el referendo.

En la mayoría de los países, las consultas populares son excepcionales y la democracia actúa a través del tradicional canal indirecto: los ciudadanos eligen a sus representantes, quienes diseñan, votan e implementan las leyes. Rara vez una decisión se somete a la voluntad popular, salvo cuando se trata de una idea muy radical, capaz de dejar una marca profunda en una nación o de alterar su ADN, como, por ejemplo, una reforma constitucional.

Pero en Estados Unidos es un mecanismo muy común. De hecho, desde 1904, cuando Oregón realizó la primera consulta popular, casi todos los años, con contadas excepciones, algún estado ha sometido una idea a un referendo.

Las "propuestas electorales" o "iniciativas", como suelen llamarse, están permitidas en 24 estados del país, casi todos ubicados en el centro y en la costa oeste. Fue justamente allí donde se desató la ola de la legalización. En esos estados basta con reunir un número suficiente de firmas para someter una propuesta a la voluntad del pueblo en una elección general, ya sea presidencial o legislativa.

Así como la prohibición del cannabis comenzó en los estados, el avance de la legalización despuntó también en los estados llamados los "laboratorios de la democracia" por el poder que los padres fundadores les otorgaron en la Constitución para equilibrar a Washington.

Voto a voto, referendo a referendo, el cannabis salió de las sombras, un fenómeno que lleva el sello *Made in USA*.

El primer referendo sobre el cannabis se realizó en 1996, en California. En los comicios que le dieron la reelección a Bill Clinton, los californianos tuvieron que elegir además si votaban a favor o en contra de la Propuesta 215, un referendo para decidir la aprobación de la Ley de Uso Compasivo. El 55.6 por ciento votó a favor y California se convirtió en el primer estado del país en avalar el consumo de cannabis para fines terapéuticos.

La mayoría de las legalizaciones fueron aprobadas gracias a este tipo de "iniciativas populares", que permiten a los votantes forzar cambios en las leyes. Esas propuestas fueron redactadas e impulsadas por organizaciones civiles. Las autoridades estatales nunca intervinieron.

El resultado ha sido un sinfín de matices sobre el mapa de Estados Unidos, un fiel reflejo de la diversidad del país y, también, del movimiento a favor del cannabis.

El trabajo de los activistas, liderados por dos organizaciones, la Drug Policy Alliance (DPA) y Marijuana Policy Project (MPP), respaldadas, principalmente, por dos filántropos, George Soros y Peter Lewis, ha logrado expandir la mariguana medicinal a más de una docena de estados en poco más de una década, campaña a campaña, voto a voto. El movimiento eludió así la intransigencia política valiéndose de un mecanismo democrático que ayudó a forjar el avance de la legalización con el respaldo popular.

El movimiento se vio obligado a hacer una pausa tras los ataques del 11 de septiembre de 2001, que dirigieron la atención del país a la guerra contra el terrorismo. Pero fue una pausa breve. La llegada de Obama a la Casa Blanca permitió dejar en el pasado el enfoque criminalista del siglo XX y adoptar un "enfoque de salud", un giro en la perspectiva puramente represiva de la política de drogas que se había llevado hasta entonces.

Entre 1996 y 2008, en 12 años, diez estados legalizaron la mariguana medicinal. Luego del "memo Ogden", en 2009, otros 11 estados se sumaron en cinco años. La legalización ganó velocidad y, con el tiempo, el avance de la mariguana medicinal propició el éxito del cannabis en Washington y Colorado.

Ahora, los activistas han quedado más cerca que nunca del objetivo perseguido durante cuatro décadas: legalizar el cannabis en todo Estados Unidos. Para ellos, el desafío es mantenerse unidos y terminar por conseguir su meta.

Los grandes movimientos sociales demoran en lograr sus objetivos. Nada ocurre de la noche a la mañana. El movimiento a favor del cannabis no es una excepción, pero un dato revela su madurez: ya ha ganado la batalla por la opinión pública.

El 54 por ciento de los estadounidenses cree que el cannabis debería ser legal —según una encuesta de 2014 del Centro de Investigaciones Pew—, aun cuando la mayoría opina que la legalización llevará a más adolescentes a utilizar la droga. La mayoría de los encuestados también piensa que la hierba es menos peligrosa que el alcohol. Otras dos encuestas nacionales —de Gallup y ORC International— muestran un apoyo similar.

Éste es el nuevo "consenso del cannabis", que ha comenzado a reemplazar al "consenso prohibicionista".

El quiebre se produjo en 2012, luego de varias décadas de rechazo a la legalización. El primer año que se realizó un sondeo nacional, en 1969, sólo el 12 por ciento estaba a favor de liberar el cannabis. Hacia 1980, antes de que Reagan llegara a la Casa Blanca, el apoyo se duplicó hasta alcanzar el 24 por ciento. Durante los 80 y los 90, años de apogeo de la guerra contra las drogas, el respaldo se congeló. Con el cambio de siglo, perforó el techo del 30 por ciento. Diez años después, en 2010, ya en franco ascenso, el apoyo a la legalización llegó al 41 por ciento. Cuatro años más tarde el cannabis ya había logrado sumar tantos adherentes como en las dos décadas previas.

El giro en la opinión pública descansa sobre dos pilares: el fracaso de la guerra contra las drogas —82 por ciento de los estadounidenses cree que Estados Unidos está perdiendo esa pelea— y el éxito del cannabis medicinal —nueve de cada diez estadounidenses lo respaldan—, piedra angular del cambio de identidad que ha vivido la hierba. El movimiento ha sabido capitalizar tal cambio de postura para presionar a los políticos, inmersos en la parálisis que ha llevado a maltraer a Washington en los últimos años.

Los críticos de la legalización confían en que la gente va a cambiar de opinión. Para que ello ocurra, apuestan por el fracaso de los experimentos de Washington y Colorado.

Los estadounidenses ahora saben mucho más sobre la droga. Cuatro datos desconocidos en la época de la prohibición: el cannabis no es mortífero; es menos adictivo que el alcohol, el tabaco o las drogas duras; no provoca sobredosis, y su principal componente psicoactivo es el tetrahidrocannabinol (THC, descubierto en 1964 por un científico israelí, Raphael Mechoulam). En los 70, la mayoría de los estadounidenses creía que el cannabis era una "puerta de entrada" a las drogas duras y que fumarlo era "moralmente incorrecto". Ambas opiniones ahora son minoritarias.

Detrás de la construcción del "consenso del cannabis" hay hombres y mujeres que han gestado, de a poco, el último cambio de identidad de la hierba.

Este libro relata la historia de esos hombres y mujeres que han conformado este movimiento diverso, heterogéneo, revolucionario, en el que conviven personajes con orígenes, filosofías, estilos de vida y ambiciones muy distintas, que no tienen nada en común, salvo una cosa: quieren legalizar el cannabis y ver el fin de la guerra contra las drogas.

"Hay personas a las que les gustan las drogas, personas que las odian y personas a quienes no les importan en absoluto", sintetiza Ethan Nadelmannn, director ejecutivo de la Drug Policy Alliance, la principal organización detrás de la legalización de las drogas.

Son personas como Joy Strickland, una ejecutiva de Texas que nunca fumó un porro y decidió movilizarse tras el asesinato de su hijo por dos narcotraficantes; Kayvan Khalatbari, que parecía destinado a una vida tranquila de ingeniero en Denver, hasta que decidió seguir su vocación de empresario del cannabis, o Alison Holcomb, abogada, esposa, madre de un niño y de la Iniciativa 502, la propuesta aprobada en un referendo que legalizó la mariguana en el estado de Washington.

Son personas como Neill Franklin, un ex agente antinarcóticos de Baltimore que denuncia el fracaso de la guerra contra las drogas; Mark Kleiman, profesor de la Universidad de California, crítico amistoso de la legalización y uno de los principales expertos en crimen y política sobre drogas de Estados Unidos, o Brendan Kennedy, creador del primer fondo de capital de riesgo dedicado a invertir de manera exclusiva en la industria del cannabis.

Algunos de ellos son activistas y amantes del cannabis, como el muy original Steve DeAngelo, estrella, uno de los personajes más antiguos del movimiento y director de Harborside, el mayor dispensario de mariguana medicinal del mundo. Otros ni siquiera lo han visto en su vida, como Ron Paul, que desde el movimiento libertario, una facción peculiar del conservadurismo, lleva más de 30 años criticando la prohibición.

Otros han influido desde el sur de la frontera, como los

antiguos presidentes de América Latina que impulsaron el debate tras dejar sus cargos: Fernando Henrique Cardoso, de Brasil; César Gaviria, de Colombia, y Ernesto Zedillo, de México, o intelectuales como el Premio Nobel de Literatura Mario Vargas Llosa. Otros lo hicieron desde el poder, como el presidente de Uruguay, José Mujica; de Guatemala, Otto Pérez Molina, o de Colombia, Ricardo Santos.

Éstas son sus historias.

EL INVERSOR

VESTIDO DE TRAJE, aunque sin corbata, Brendan Kennedy escuchaba las propuestas de negocios con detenimiento, junto al resto de los inversores que se habían congregado en la sala pulcra, amplia y luminosa, de pisos de madera lustrados y paredes blancas. Sentados alrededor de una larga hilera de mesas que habían sido organizadas como una herradura frente a una pantalla gigante, escudriñaban con detalle y paciencia quirúrgica a los jóvenes emprendedores, sin perder la esperanza de ser seducidos por algunas de sus ideas. La mañana se filtraba por las ventanas, y las aguas del río Este se mecían apenas a una breve caminata de esa esquina de Wall Street, el lugar que habían elegido para el encuentro. Era un día de verano idílico, pero una fría solemnidad recibía y despedía a cada uno de esos jóvenes, enfrentados, por unos minutos, a un batallón de caras serias que tomaban nota, juzgaban con la mirada y de tanto en tanto disparaban una pregunta técnica, de esas que obligan a una pausa para ir en busca de una respuesta enterrada bajo la ecuación de una planilla de cálculo de Excel.

Kennedy había sido testigo de la misma coreografía al menos media docena de veces: una o dos personas se paraban al lado de la pantalla de la sala de conferencias, mostraban una seguidilla de diapositivas que habían sido pulidas con devoción en Power Point y vendían una idea, su idea, con frases aprendidas de memoria.

Había viajado desde Seattle, en la otra punta de Estados Unidos, para pasar casi todo ese día encerrado entre aquellas cuatro paredes. No era el primer encuentro de inversores al que concurría. No era ni siquiera la primera ocasión que ese particular grupo de inversores, The Arcview Group, que se había formado apenas dos años antes, se reunía a evaluar los planes de los últimos empresarios ávidos por seducir billeteras para lanzarse a la conquista de uno de los mercados nacientes más prometedores de Estados Unidos.

Pero Kennedy había llegado a un encuentro que era tan novedoso como histórico. Un puñado de periodistas había ido hasta allí para ver lo que sucedía y relatar la historia. Aquellos inversores y empresarios habían logrado llamar la atención de diarios como *The New York Times*, la cadena Al Jazeera o la revista *The New Yorker*, además de otros medios internacionales.

Acostumbrado ya a la atención de la prensa, Kennedy se había tomado su tiempo para hablar con varios de ellos, siempre con la misma expresión calma, inocua, como la de un jugador de póker que confía en tener la mano ganadora. Sabía, al igual que otros hombres que también habían viajado hasta allí, como Steve DeAngelo y Troy Dayton, fundadores de ese grupo inversor, o Tripp Keber y Kris Krane, dos de sus principales miembros, que era parte de su trabajo. Una actividad más de su negocio.

Todos hablaron de lo mismo: la agonía de una política fallida, diseñada por Washington hacía ya casi un siglo, que iban a sustituir con sus nuevos negocios.

La mariguana había llegado a Wall Street.

"Así es como vamos a terminar la guerra contra las drogas", fustigó Kennedy, inmerso en una confianza que rara vez parece abandonarlo, mientras bebía un vaso de agua, parado en medio de la sala de conferencias, durante una pausa de la reunión de inversores, al contemplar la escena de hombres y mujeres de negocios que hablaban de proyectos, intercambiaban tarjetas y se daban apretones de manos.

Nacido en Seattle, aficionado a los triatlones —cruzó la meta final del Ironman, el triatlón más famoso del mundo, en seis ocasiones—, Kennedy era uno de los actores estelares de ese momento. Apenas tres años antes había visto un nicho, una rara oportunidad de negocios, y había decidido abandonar una prometedora carrera como ejecutivo en un banco de inversiones para embarcarse en una cruzada inédita: crear el primer fondo de capital de riesgo dedicado a invertir de manera exclusiva en empresas de lo que él bautizó "el espacio del cannabis".

No fue una decisión precipitada, tampoco una elección que naciera del corazón de un activista, alguien que durante años hubiera peleado contra viento y marea para levantar el estandarte de la droga más popular del planeta. A sus 42 años, Kennedy no es, ni por asomo, uno de los personajes históricos del movimiento que luchó durante décadas por legalizar el cannabis en Estados Unidos. Pero en sólo tres años ha logrado convertirse en una de sus figuras más influyentes y se ha colocado a la par de hombres y mujeres que llevan muchos años más que él en esa cruzada.

Hombre de negocios metódico y prolijo —organiza sus correos electrónicos en carpetas etiquetadas con nombres o lugares en Outlook, guarda las tarjetas de sus contactos en folios y en su escritorio no se ven papeles sueltos—, Kennedy se topó de casualidad con el avance del cannabis a principios de 2010 y vio dos cosas: una industria en pañales, donde casi todo estaba por hacerse, y el fin de la prohibición, una política que el gobierno federal de Estados Unidos impuso sobre el cannabis en 1937. "Es inevitable", afirma cada vez que puede. "Es el nuevo Muro de Berlín".

Kennedy hace lo suyo para terminar de derribarlo: es uno de los padres de la revolución industrial que ha marcado el rumbo hacia lo que vendrá después de su caída.

Forjado en las universidades de Washington, Berkeley y Yale, Kennedy había comenzado a construir una carrera en el negocio de las inversiones de riesgo luego de invertir medio millón de dólares en su educación, según su cuenta personal. En 2010, Kennedy estaba al frente de las operaciones de SVB Analytics, una suerte de banco de inversión de Silicon Valley que asesoraba a empresas de alta tecnología a fin de obtener capital para invertir y desarrollar su negocio. Su vida estaba dividida entre California, donde trabajaba, y Seattle, donde vivía (y aún vive) junto a su mujer, una bailarina de *ballet*.

En esa época, una empresa de *software* que había diseñado un programa de administración de inventarios hecho a la medida de las necesidades de los dispensarios de mariguana se acercó a SVB y llegó hasta el escritorio de Christian Groh, socio de Kennedy y por ese entonces director de ventas del banco. Groh le habló de la compañía a Kennedy. El caso le llamó la atención: una empresa buscaba capital para expandirse, algo que veía todos los días, pero se las había ingeniado para crear un matrimonio entre la tecnología y el cannabis. Kennedy nunca había visto algo así.

Esa misma semana, mientras conducía desde San Francisco a Santa Fe, escuchó en la radio una entrevista hecha a un grupo de activistas que hacían campaña a favor de la legalización del cannabis. En 2010, el movimiento había decidido intentar hacer historia al impulsar una ley que proponía regular el consumo de mariguana de una manera semejante al del alcohol. Esa ley se sometió a la voluntad popular a través de un referendo que, al igual que otras iniciativas similares, fue bautizada con un nombre técnico y un número: Propuesta 19.

Muchos años antes, en 1996, otro referendo había convertido a California en el primer estado de Estados Unidos en permitir el consumo de cannabis para fines médicos. Fue el principio de todo. Quince años después, el movimiento quiso repetir la historia. El respaldo de la gente al cannabis había crecido año tras año y algunos, no todos, veían una posibilidad de éxito. Al final, los californianos le dieron la espalda a esa iniciativa, en una derrota que significó un durísimo revés para el movimiento. Pero Kennedy, mientras conducía ese día y escuchaba la entrevista de los activistas, se acordó de la empresa que había ido al banco a buscar ayuda y tuvo una idea: crear un fondo de capital de riesgo exclusivo para la industria del cannabis.

Apenas dejó la autopista, Kennedy llamó a Michael Blue, a quien había conocido mientras cursaba su maestría en administración de empresas (MBA) en la escuela de negocios de Yale, y que por aquel entonces trabajaba para una firma de inversiones privadas en Arkansas. Le contó su idea y le dijo que tenía que renunciar a su trabajo para ayudarlo a crear ese fondo.

Fue el inicio de Privateer Holdings.

"No había tocado cannabis en 18 años. No era una parte importante de mi vida. Simplemente me interesó", recuerda Kennedy, sentado en su oficina un domingo, vestido con *jeans*, camiseta y tenis, antes de ir a ver bailar a su mujer.

Seattle es una ciudad de pioneros. La historia, al menos, así lo sugiere. Basta con recordar el vocabulario eléctrico de Jimi Hendrix o la poesía cruda de Kurt Cobain, la revolución tecnológica de Microsoft y Amazon, o el imperio cafetero que Starbucks desplegó en todo el mundo desde las costas del estado de Washington. Seattle ha comenzado ahora a darle forma, junto con otras ciudades de la costa oeste, como Denver, en Colorado, y Oakland, en California —refundada bajo el nombre "Oaksterdam"—, a la nueva industria del cannabis.

Privateer Holdings, una de las empresas que día a día moldea a esa industria, debió atravesar un largo parto antes de cobrar vida. Kennedy convenció a Blue y a Groh de que lo ayudaran con esa cruzada y los tres se embarcaron en un viaje exploratorio por el mundo del cannabis.

Durante nueve meses, Kennedy y sus socios aprendieron todo lo que pudieron sobre la hierba, no sólo porque sabían muy poco de la planta y del negocio, sino porque se trataba de un proyecto que podía enviarlos tras las rejas.

Pronto se toparon con algunos de los efectos de la prohibición. La mariguana ya era un negocio multimillonario en Estados Unidos, pero no había estadísticas o datos fiables, concretos y verificables sobre el consumo o la producción.

Recurrieron a informes y estimaciones de la Agencia Antidrogas de Estados Unidos (DEA, por sus siglas en inglés) y
de la Organización de las Naciones Unidas (ONU) para
calcular el tamaño del mercado, evaluaron encuestas de opinión pública, comenzaron a visitar granjas y cultivos de cannabis en Estados Unidos, Canadá, Israel y España, y viajaron
por el país para conocer mejor las empresas más famosas y,
en ese momento, las únicas que eran legales: los dispensarios,
donde se vendía la hierba a personas autorizadas para adqui-
rirla como "pacientes de mariguana medicinal". Al principio
iban vestidos de traje, hasta que se dieron cuenta de que su
aspecto los hacía parecer demasiado a agentes de la DEA y
que no era el mejor para entablar conversaciones amistosas.
Decidieron dejar las corbatas en casa.

Esa investigación, meticulosa, de a pie, fue una tarea de
descubrimiento ardua que con el tiempo terminó por convertirse en su mejor inversión, asegura Kennedy.

El panorama era prometedor. Desde que California abrió
la puerta de la legalización en 1996, más de una docena de
estados habían decidido seguir el mismo camino y permitir
el consumo de mariguana con fines terapéuticos. A la vez,
más y más estados se movían hacia la despenalización del
consumo al aliviar las multas y las penas por tenencia de
cantidades pequeñas de hierba. Más importante aún, la gente comenzaba a mirar al cannabis con buenos ojos. Nueve
de diez estadounidenses aprobaban el consumo de cannabis
con fines terapéuticos. Nada tenía tanto apoyo en Estados
Unidos. Nada. Lo único que reunía tanto consenso era el desprestigio de la guerra contra las drogas. Pronto, una mayoría
del país respaldaría la legalización total, sin importar cuál era
el fin para el que se comprara la hierba, terapéutico o "recrea-

tivo", tal como se ha definido uno de los hábitos más antiguos de la humanidad.

Convencido de que la prohibición tenía sus días contados, Kennedy comenzó a trabajar en una presentación en la que detallaba cómo consideraba que la compañía debía verse. La meta era clara. Cuando la legalización fuera una realidad, Privateer Holdings estaría mejor posicionado que cualquier otro fondo para invertir en la industria naciente del cannabis y podría aprovechar mejor que nadie la vertiginosa explosión de negocios que llegaría luego. La pregunta era cómo llegar hasta allí, cómo moverse hacia el final de la era de la prohibición.

La respuesta que Kennedy y sus socios dieron a esa pregunta es la misma que la industria implementó para apurar el fin a la prohibición: crear empresas serias, pulcras y profesionales, que se ganen la confianza de la gente. Steve DeAngelo, fundador de Harborside, el dispensario más grande del mundo, ubicado en Oakland, resume esa fórmula con un mantra insoslayable: "Sean absolutamente limpios". Durante una conferencia de negocios, una persona le preguntó a Kennedy cuál era su condición esencial a la hora de decidir si invertía o no en un proyecto. Kennedy respondió con una palabra: "Higiene".

Con esa idea en mente, Kennedy y sus socios decidieron que invertirían en Estados Unidos sólo en negocios del "espacio del cannabis" que fueran 100 por ciento legales y profesionales y que ayudaran al cambio de imagen de pulcritud que ya había despuntado en la industria. Reunirían fondos y empezarían a invertir, primero, en proveedores de la industria, en negocios que estuviera atados al cannabis pero sin tocarlo.

Definida la estrategia, llegó la primera prueba de fuego. Kennedy se reunió en un bar del centro de Seattle con dos "amigos y mentores", mayores que él, con quienes de tanto en tanto discutía ideas de negocios y, ocasionalmente, hablaba sobre la vida. Esa noche les habló de su proyecto. Fue la primera vez que le "vendió" su idea a alguien, de la misma manera que luego lo haría cientos de veces para reunir el dinero de inversores. Fue la primera vez que se convirtió en un defensor del cannabis. Kennedy les habló de la fórmula de Privateer Holdings, del giro en la opinión pública, del desprestigio de la guerra contra las drogas. Todo, presentado como una gran oportunidad de negocios.

Kennedy describe ese encuentro como un momento definitorio y concluye: "Lo captaron… Lo captaron. Y me dijeron que tenía que hacerlo".

Apenas terminada la reunión, Kennedy llamó a Blue y a Groh. Les contó lo que había hablado con sus mentores y les dijo que estaba convencido de que había llegado la hora de dar el siguiente paso, de darle vida a Privateer Holdings. No fue la única certeza que le dejó ese encuentro. "Supe que todo tenía que verse bonito", recuerda. "Supe que eso iba a ser muy importante".

No es casualidad que Kennedy haya elegido destacar, de todos los atributos posibles, uno vinculado a la imagen.

Incluso desde antes de que se impusiera la prohibición, el cannabis ha tenido una muy mala reputación y ha estado envuelto en una estética cargada de estereotipos que todas las personas que quieren legalizarlo —todas— quieren desterrar para siempre. Todos ellos reconocen que si son vistos como *potheads*, *dealers* o *kingpins*, o vagos que pasan todo el día echados en un sillón, nunca lograrán que la industria sea 100 por ciento legal. Los empresarios del cannabis quieren ser tratados como cualquier otro empresario en cualquier otro negocio. Y, para lograrlo, saben que tienen que moverse como cualquier otro empresario en cualquier otra industria legal.

Kennedy no se cansa de decirlo. Una y otra vez repite que su trabajo es impulsar empresas serias que sirvan de referencia para el futuro. Todo, con un doble fin: crear un negocio y confianza en la legalización. Para Kennedy es una estrategia doblemente ganadora: su negocio le da vuelo a la legalización y la legalización le da vuelo a su negocio. Un detalle de esta estrategia: Kennedy siempre habla de "cannabis", nunca usa la palabra "mariguana".

"Fue nuestro ángulo desde el principio, sabíamos que iba a ser nuestro ángulo desde el principio, porque si íbamos a venderle el proyecto a tantos inversores profesionales, sabíamos que íbamos a comenzar en desventaja porque hace dos años era una idea muy alocada. Cada vez que entráramos a una reunión con una presentación tenía que verse bien, y teníamos que estar vestidos de traje", afirma.

La oficina de Privateer Holdings en Seattle parece un híbrido entre Google y un fondo de inversiones de Wall Street. Es una casa situada en la colina de un barrio residencial, de un solo piso, ángulos rectos, perfil moderno y amplios ventanales que hacen de muros exteriores. Es una casa luminosa que está dividida en dos. De un lado están la oficinas de Kennedy, Blue y Groh, y un espacio del tamaño de un cuarto amplio, donde hay tres escritorios, uno de ellos, elevado, con una bola inflable verde que sirve como silla. Allí trabaja el equipo legal de la compañía. Del otro lado, más allá de una sala de conferencias vidriada, en el ambiente más grande, los escritorios están separados por muros suficientemente altos para colgar papeles o fotos y suficientemente bajos para ver y hablar con el vecino. Casi todas las paredes están cubiertas de pizarrones blancos, en los que se leen anotaciones aleatorias hechas con marcadores rojos que no tienen mucho sentido a los ojos de un forastero. Al lado de uno de los escritorios de madera color café con leche y de una de las sillas ejecutivas con respaldos altos y apoyabrazos, se ve un par de tenis para correr.

Allí opera Leafly, la primera empresa que adquirió Privateer Holdings.

Leafly es una página de Internet, similar a una red social, que funciona como una guía de consumo para el cannabis. Por eso ha sido bautizada en Estados Unidos "el Yelp del cannabis". Así como Yelp sirve para encontrar el mejor restaurante para comer sushi en Seattle o los mejores tacos en Nueva York, Leafly sirve para encontrar la mejor variedad de cannabis para combatir la migraña, la artritis, los efectos secundarios de la quimioterapia o problemas más leves, como el estrés o el insomnio.

Para entender mejor qué hace Leafly, basta con teclear las palabras "*blue cheese*" en Google. El primer resultado que aparece es la página de Wikipedia del queso roquefort. El segundo resultado es un vínculo que lleva a una página con información sobre una variedad de cannabis llamada Blue Cheese. Allí se explica el origen de dicha variedad, su sabor, características, usos medicinales más comunes, efectos secundarios, así como los dispensarios de Estados Unidos donde está disponible, estado por estado, ciudad por ciudad. Cada variedad tiene una puntuación elaborada a partir de las opiniones de los usuarios, casi todas anónimas.

Leafly tiene un diseño moderno, prolijo e innovador: cada variedad se presenta como si fuera un elemento de la tabla periódica. ("Blue Cheese" está identificada con las letras "Chz".) Esa imagen responde a la obsesión de Kennedy y de sus socios de lograr que todo se vea "bonito" para terminar de forjar la nueva identidad del cannabis. Privateer Holdings puso especial énfasis en el desarrollo de la imagen de Leafly para cumplir con ese objetivo.

Detrás de esa imagen está Heckler Associates, una firma de publicidad pequeña, especializada en el desarrollo de marcas, que trabajó con Starbucks —el logo de café más famoso del mundo es obra de ellos—, Microsoft, K2 y New Balance, entre otras empresas. Kennedy los buscó para que trabajaran con ellos. La reputación de la firma en el desarrollo de marcas y de empresas jóvenes era justo lo que buscaba.

Heckler, sin embargo, no estaba del todo lista para la propuesta de Privateer Holdings. Kennedy y Blue tuvieron que reunirse con sus ejecutivos en tres ocasiones, durante un total de siete horas, para terminar de convencerlos.

Kennedy y Blue construyeron su argumento paso a paso, tal como el primero lo había hecho con sus dos amigos mentores y de la misma manera que lo hacen cada vez que se reúnen con un potencial inversor para convencerlo de entregarles su dinero. Les mostraron encuestas sobre el progresivo avance del apoyo a la legalización del cannabis en Estados Unidos, les hablaron de los casos exitosos de la mariguana medicinal, les dijeron todo lo que se sabía y lo que no se sabía de la planta, les explicaron su estrategia —crear negocios profesionales, marcas pulidas— y hasta pusieron sobre la mesa citas de Koffi Annan, el antiguo secretario general de la ONU devenido en una de las figuras globales que había puesto su nombre a favor de la legalización y en contra de la guerra contra las drogas. Además, les garantizaron que no harían nada que fuera en contra de las leyes federales de Estados Unidos, que prohíben el cannabis, y que se moverían a la par del avance de la legalización.

Los ejecutivos de Heckler habían llegado a la primera reunión con mucha curiosidad y pocas expectativas.

"Entramos pensando que iba a ser algo interesante, que probablemente no conduciría a nada, pero igual sería interesante", recuerda Scott Lowry, uno de los ejecutivos de Heckler que estuvo presente en ese encuentro. Escucharon a Kennedy y a Blue, les hicieron todas las preguntas que se les habían ocurrido antes de la reunión y algunas nuevas que surgieron al analizar el caso a fondo. Después de cada respuesta, surgía una pregunta nueva. La reunión debía durar una hora. Se prolongó hasta tres.

"Dejé esa reunión sintiendo que me habían abierto los ojos", afirma Lowry. "Nunca nos había pasado eso".

Heckler es una firma pequeña que elige con cuidado a sus clientes. No les interesa ser un gigante de la publicidad y en general prefieren trabajar con empresas de menor tamaño, nuevas. Su interés en trabajar con Privateer Holdings despuntó enseguida, pero sus socios se tomaron un par de meses para decidir si se embarcarían en la aventura o no. Fue un proceso durante el cual hicieron una investigación minuciosa sobre Kennedy, Blue y Groh, el mercado del cannabis y los cambios en las percepciones de la gente; recabaron opiniones con el resto de sus clientes para averiguar qué pensaban de la posibilidad de que trabajaran con una empresa que violaría una ley federal.

Por recomendación de Kennedy, Lowry visitó un dispensario. Eligió uno en Seattle llamado Freedom. Como muchos dispensarios, era limpio, profesional y bien organizado. Uno de los *budtenders* (así se llama en la jerga a los hombres y mujeres que venden cannabis, un término que surge de la unión de *bartender* y *bud*, el nombre en inglés del cogollo, la flor del cannabis) se tomó una hora y media para explicarle cómo era eso de comprar cannabis como medicina, y le vendió un comestible de una variedad, Afgoo, muy popular entre las personas que sufren de insomnio.

"He tenido problemas para dormir desde que era chico. Me despierto y mi cabeza empieza a funcionar", comenta Lowry. Eso, hasta que probó Afgoo. "Tuve la mejor noche de sueño de mi vida. Fue increíble", agrega con una amplia sonrisa.

Aquello no fue lo que terminó por convencerlo esa noche. Su decisión llegó cuando comenzó a hablar sobre la mariguana con la gente, con sus amigos, familiares, clientes y compañeros de trabajo. Tuvo una charla de casi una hora con su médico personal, que le habló sobre su hermano, que había decidido utilizar la droga como parte de su lucha contra un cáncer. Lowry dice que todo lo que escuchó le resultaba más positivo que negativo. Lo mismo ocurrió con los otros socios de la firma, y sus clientes tampoco pusieron grandes objeciones. La principal preocupación que recogieron todos ellos fue qué sucedería con el consumo de los adolescentes una vez que la mariguana fuera legal.

Meses después de ese momento, Lowry monta una defensa como lo que es, un integrante más del movimiento. Dice así: muchas personas creen que la legalización significa un consumo libre de mariguana, sin restricciones ni precauciones, pero el consumo va a estar regulado de manera estricta para evitar el abuso. Además, Privateer Holdings, Leafly, Heckler y quienes comparten su filosofía hacen mucho hincapié en el "consumo responsable" y en la educación. Kennedy suma otro argumento: cualquier adolescente de cualquier escuela secundaria de Estados Unidos ya podría conseguir mariguana en tan sólo media hora si lo intentara. (En 2012, el 91 por ciento de los estudiantes de secundaria dijo que se vendía mariguana en su colegio, según un sondeo del Centro Nacional de Adicción y Abuso de Sustancias de la Universidad de Columbia de Nueva York.)

Al final, Heckler se entregó ante un desafío demasiado tentador para dejar pasar de largo, y Lowry se hizo cargo de la cuenta de Privateer Holdings.

"Es un producto con una mala reputación. ¿Cómo tomas un producto que ha sido comercializado de forma negativa durante tanto tiempo en Estados Unidos y empiezas a cambiar la percepción de la gente? Era el reto que nos planteaba Brendan. Era una oportunidad, en una escala más grande, de cambiar la percepción de un producto y abrir los ojos de la gente", explica Lowry.

Con Heckler a bordo, Kennedy salió a la caza de inversores. Preparó una presentación de 53 diapositivas —bonita, porque "tiene que verse bonita"— que resumía, en 38 minutos, las razones por las cuales había que invertir en la industria del cannabis. Allí estaba todo: la visión de Privateer Holdings, las encuestas que mostraban el creciente apoyo a la legalización, el avance de la legalización en un mapa de Estados Unidos, los efectos del cannabis, el negocio de los dispensarios, el debate político, Leafly. Todo. Kennedy dice que ha presentado tantas veces su propuesta, dentro y fuera de Estados Unidos, que a estas alturas puede hacerlo dormido.

En julio de 2013, Privateer Holdings anunció en un comunicado de prensa que había reunido sus primeros 7 millones de dólares de "granjeros de Arkansas, rancheros de Texas y profesionales de las finanzas de Nueva York". Apenas un año más tarde Kennedy completó una segunda ronda de financiamiento con un resultado mucho más jugoso que el de la primera: logró reunir 75 millones de dólares y, por primera vez, participaron inversores institucionales. Ya para ese momento, Privateer Holdings había creado cuatro empresas que empleaban a 110 personas, incluidas dos en Canadá: Lafitte Ventures, dedicada al cultivo de cannabis, y Tilray, la marca bajo la cual se distribuye a "pacientes" autorizados por un doctor. Ambas compañías están registradas en un programa federal de mariguana medicinal del gobierno de Canadá, implementado en 2014, que ha convertido a este país en uno de los mercados de mayor auge para las inversiones en cannabis.

Kennedy dice que sus inversores —cuyos nombres no revela— provienen de todo el espectro político que ofrece Estados Unidos y que si los encerrara en un cuarto no estarían de acuerdo en nada, salvo en una cosa: todos quieren terminar con la guerra contra las drogas.

Privateer Holdings se ha convertido en punta de lanza de ese esfuerzo, haciendo lo mismo que cualquier otro fondo de inversión. Kennedy fue un pionero en ello, pero no es el único. The Arcview Group, la red de inversores fundada por Steve DeAngelo y Troy Martin en noviembre de 2011, a la cual Kennedy pertenece, ha organizado varios encuentros en todo el país para unir a empresarios con inversores; entre ellos, el que llevó el cannabis hasta Wall Street en junio de 2013.

En California, Justin Hartfield y Doug Francis, dos emprendedores que han creado varias compañías, incluidas dos en el "espacio del cannabis", también lanzaron su propio fondo, Emerald Ocean Capital, con la misma filosofía que guía a Privateer Holdings. Su compañía insignia, Weedmaps, es una de las páginas de Internet de Estados Unidos más utilizadas para localizar dispensarios y variedades de cannabis.

Ninguno de estos hombres es una isla y menos dentro de un movimiento diverso, heterogéneo, que ha desplegado varios frentes de ataque a favor de la legalización de la mariguana.

Kennedy cree ciegamente que el trabajo de los hombres de negocios es una pieza clave para conseguir ese objetivo. Pocos dudan que el movimiento habría logrado poner a Estados Unidos al borde de la legalización si no hubiera sido por todo lo que hicieron los activistas durante las últimas décadas. Ellos fueron los primeros, los pioneros de los pioneros. Su trabajo permitió que naciera la industria. Pero esa industria se ha convertido, ahora, en una nueva ala del movimiento. La gente, dice Kennedy, necesita saber qué viene para confiar en la legalización.

"Necesitan decir: 'Así se va a ver el mundo después de la prohibición'. Esto es lo que viene, se parece a esto, se parece a Leafly", apunta.

La irrupción de la industria ha alterado el equilibrio de poder dentro de un movimiento de fronteras difusas donde las fracturas están a la vista. Muchos empresarios decidieron involucrarse en el negocio del cannabis sólo porque vieron una oportunidad para hacer dinero y muchas veces los intereses de los activistas no son los mismos que los de los empresarios. El vínculo entre ambos no está exento de roces. Pero, aun así, la industria ha ampliado el movimiento, lo ha diversificado y le ha dado más credibilidad y legitimidad.

Kennedy no es un activista de pura cepa, pero, como la mayoría de los empresarios que se involucró con el cannabis, terminó por convertirse en uno de ellos. Basta escucharlo hablar. Dice que el movimiento es revolucionario, se nota que lo siente propio, y lo describe con precisión, al definir los "cuatro ángulos de ataque" que se han desplegado en pos del gran objetivo: la industria, los activistas, las personas que llevan adelante las campañas de legalización y los hombres de la ley que le han dado la espalda a la prohibición.

Kennedy ha reclutado talento de estos frentes. La primera persona que contrató, Tonia Winchester, abogada, fue una de las líderes de la exitosa campaña a favor de la Iniciativa 502, el referendo que hizo historia al legalizar el cannabis en el estado de Washington, en noviembre de 2012. Uno de sus últimos reclutamientos fue Patrick Moen, un antiguo agente de la DEA que buscaba un cambio de carrera y pensó que sus antecedentes podían ser útiles en la industria del cannabis. Moen escuchó a Kennedy en la radio, lo buscó en las redes sociales, se reunió con él en un café de Portland, Oregón, para entregarle su currículo. Tiempo después se sumó al equipo Privateer Holdings. Kennedy había logrado arrebatarle un soldado a la guerra contra las drogas.

Además de sumar talentos contra la prohibición, la industria se ha convertido en una de las fuentes de financiamiento del movimiento, que antes dependía casi en exclusiva de filántropos como George Soros o Peter Lewis. Kennedy dice que al principio algunos activistas vieron en los empresarios sólo eso: una nueva fuente de dinero. No creían que la industria pudiera jugar otro papel.

Una anécdota de Kennedy ilustra hasta dónde ha crecido la injerencia de los empresarios en el avance de la legalización.

En el Congreso de Estados Unidos, un grupo de legisladores y sus asesores han montado un grupo de trabajo que de tanto en tanto se reúne para evaluar reformas a las leyes que rigen al cannabis. Kennedy es uno de los empresarios que ha ido a esas reuniones y ha respondido preguntas sobre el funcionamiento de la industria y los efectos de la legalización. Antes, en esas reuniones sólo había representantes de las principales organizaciones de activistas que lideran la legalización. Hoy, los activistas llegan acompañados de empresarios de traje y corbata que hablan no sólo de los riesgos de la legalización, sino también de los beneficios. Son aliados.

"Ahora lo entienden, lo aprecian, porque pude hablar de tácticas de negocios, del vínculo con los bancos, y fue una conversación normal, como pueden escuchar de otras industrias", apunta Kennedy.

Personas como Kennedy han contribuido a impulsar un modelo de negocios serio y profesional para desarrollar una industria millonaria que se lleve puesta a la prohibición.

"No estoy seguro de que toda la industria vaya a adoptar este modelo", reconoce. "Si tuviera que avizorar cómo se verá la industria en diez años, va a ser algo como la cerveza artesanal o el vino. En Seattle, tenemos docenas de cervecerías, cada una con un enfoque diferente, pero todas son profesionales, todas son administradas por gente de negocios. Creo que ése es el modelo, es lo que funciona. La gente menos profesional va a tener dificultades para sobrevivir".

Kennedy está convencido de que nada de lo que vivió en sus primeros años con el cannabis importará en el futuro. Cuenta anécdotas, como su visita al Congreso, y se ríe al recordar al empleado del banco que lo vio en televisión en una entrevista sobre su fondo de capital de riesgo y lo llamó para exigirle que cerrara su cuenta. Kennedy le explicó que no tocaban el cannabis y ninguna ley prohibía su negocio en Estados Unidos. "No importa —le dijo—, tienes que cerrarla". Esa historia ya es parte de otra época.

Con la misma tranquilidad que parece no abandonarlo nunca, Kennedy habla de negocios atractivos para invertir, del momento en el que las compañías de la industria comenzarán a cotizar en la bolsa o la gente consumirá cannabis en vez de beber una copa de Chardonnay y visitará fincas de cannabis con la misma naturalidad con la que hoy recorre los viñedos del Valle de Napa, en California.

Muchos años antes de que él decidiera que el cannabis sería el negocio del futuro, precisamente ahí, en el "estado dorado", había nacido la primera generación de *ganjapreneurs*.

LOS "GANJAPRENEURS"

Steve DeAngelo es un veterano de la causa del cannabis y su defensor más férreo y pintoresco. De largas trenzas grises, bigote canoso, aretes, negros o blancos según la ocasión, sombrero de medio lado, mirada traviesa. Siempre viaja acompañado de *Goliath*, un chihuahua que encontró en el jardín de su casa.

A sus 57 años, DeAngelo se define a sí mismo como uno de los "líderes estratégicos del movimiento". Lleva más de cuatro décadas de militancia a favor del cannabis, del que se enamoró siendo apenas un adolescente, cuando vivía con su familia en Washington. Se acuerda de su primera experiencia como si fuera ayer. Fue un romance con sabor mexicano.

"Estaba en la casa de un amigo, después de la escuela. Había oído hablar del cannabis, pero ésa fue la primera vez que alguien me lo ofreció. Yo estaba en séptimo grado, era el primer o segundo día de la escuela, había hecho nuevos amigos y uno de ellos me invitó a una fiesta en su casa. Nos sentamos en una habitación pequeña con todo tipo de pósters y luces negras y fumamos un par de porros de lo que ahora creo que era una hierba mexicana muy mala. Y cuando estaba allí, realmente no sentí nada. Me esperaba algo mucho más... bueno, ¡algo como el alcohol! Y eso no pasó. Así que me fui de la casa con un sentimiento de... bueno, ya sabes, no pasó realmente nada. Estaba un poco decepcionado. De camino a casa crucé un parque por el que caminaba todos los días, un parque con grandes árboles y un arroyo, y cada vez que caminaba por ese parque, dos o tres veces al día, era sólo un lugar que cruzaba, yo no le daba ningún tipo de pensamiento. Pero empecé a notar cosas que nunca había notado antes. Comencé a ver los rayos de luz que pasaban a través de los árboles, comencé a escuchar las hojas de los árboles susurrando con el viento, y sobre ese sonido estaba el sonido del agua gorgoteando a través del arroyo, y luego sobre ese sonido estaba el sonido de los pájaros, y la sensación de mis pies a medida que crujían en el suelo y crujían sobre las hojas secas y hacían un ruido y todo esto vino a mí de una manera que me hizo entender que yo también era parte de ese entorno natural, que había una red de vida y yo era parte de esa red de vida. Y mirando atrás, lo puedo articular muy bien. Como un niño de 13 años de edad, no podía articular eso en absoluto.

"Fue una experiencia muy, muy profunda y reconozco ahora que fue la primera experiencia espiritual profunda de mi vida. Y mi arnés espiritual, que ha sido construido sobre una reverencia por la naturaleza, ha salido en gran parte de esa experiencia trascendental que tuve la primera vez que consumí cannabis. Así que supe desde ese momento que el canna-

bis era una buena planta y que iba a jugar un papel importante en mi vida ".

DeAngelo es director de Harborside, el mayor dispensario de mariguana medicinal del mundo. Símbolo de los
ganjapreneurs, los empresarios que se las han ingeniado para
crear negocios profesionales en una actividad que es un delito federal, DeAngelo fundó Harborside en 2006, en Oakland,
a las afueras de San Francisco, para marcar un nuevo rumbo.
Y lo ha conseguido.

Harborside es un referente en la industria de la mariguana medicinal, una mezcla de *boutique* de lujo y balneario, con
las medidas de seguridad de un banco —cámaras, guardias,
detector de metales, una bóveda con dinero— y el ambiente
de un centro de medicina alternativa. Un lugar que inspira
"legitimidad y confort" y vende unas 40 variedades de plantas que incluyen todos los matices de la gama del cannabis:
las índicas —ricas en cannabidiol, o CBD, uno de los componentes de la hierba que tiene propiedades analgésicas—,
las sativas —más estimulantes, al tener un mayor grado de
tetrahidrocannabinol, o TCH, el principal componente psicoactivo del cannabis— o híbridas —que ofrecen lo mejor
de los dos mundos al combinar ambos componentes en
distintas proporciones—. También venden concentrados,
ungüentos, aerosoles y, por supuesto, *brownies*. Harborside
atiende unos mil pacientes por día y factura unos 30 millones de dólares al año.

"Algunas personas empiezan a tocar el violín muy jóvenes y se convierten en prodigios. Para mí fue el cannabis. Yo
no suelo hacer las cosas a la mitad. Tenía esa visión y la intención de llegar a donde he llegado, mi única sorpresa ha sido
haber tardado tanto tiempo", afirma.

DeAngelo vende mariguana porque cree en la planta, que consume todos los días. Para él, ser empresario es una consecuencia de su militancia. La seriedad y el éxito de sus negocios son su tarjeta de presentación, el mejor argumento para convencer a los sectores más reticentes sobre los beneficios del cannabis y de la legalización.

"En Estados Unidos, no hay nada que la gente respete más que el éxito —sostiene—, sobre todo el éxito económico. Mucha gente de derecha viene del mundo de la empresa y entienden lo que significa haber triunfado y lo respetan. Y por eso me escuchan".

Tras su epifanía adolescente, DeAngelo decidió dedicarse en cuerpo y alma a su nueva vocación. Con 16 años, militó en el Youth International Party, también conocido como los Yippies, un grupo contracultural, y fue uno de los organizadores de la primera "fumata" delante de la Casa Blanca para reclamar la legalización. Fue hace 40 años, y aunque todavía era un adolescente, ya estaba decidido a convencer al mundo de que el cannabis era "una buena planta".

Se hizo promotor de conciertos y de la vida nocturna del barrio Adams Morgan, por aquel entonces uno de los menos transitados de la capital del país, y fundó Nuthouse, a finales de los 80, una casa victoriana cerca del hospital militar Walter Reed que se convirtió en el cuartel general de los activistas de la costa este. Repartía tarjetas con la leyenda "*We sell cannabis*", que en ese momento era totalmente ilegal. A DeAngelo se le conocía como "Stevie D".

En 1998 militó a favor del referendo para legalizar la mariguana medicinal en Washington, D.C. Pese a obtener el respaldo del 69 por ciento de la población de la capital, la iniciativa fue vetada por el Congreso. Decepcionado, decidió mudarse a California. (Mucho tiempo después, en 2013, el Distrito de Columbia permitiría el uso del cannabis para fines terapéuticos, en parte gracias al minucioso trabajo que hicieron DeAngelo y el resto de los *ganjapreneurs*.)

"Cuando llegué a California, en 2001, quise crear un dispensario modelo que demostrara al mundo que el cannabis podía comercializarse profesionalmente", recuerda.

California había hecho historia en 1996 al convertirse en el primer estado de Estados Unidos en legalizar el consumo de cannabis para fines médicos a través de la Propuesta 215, una iniciativa popular aprobada en un referendo que se realizó junto con las elecciones presidenciales de ese año. El Compassionate Use Act, como se llamó, brindó una lista de ocho enfermedades que daban derecho a un "tratamiento" con cannabis, entre ellas cáncer, epilepsia, migraña y sida (las personas con el VIH habían sido las principales impulsoras de la iniciativa, pues la hierba los ayudaba a sobrellevar el tratamiento contra la enfermedad). El cambio que trajo esa ley fue revolucionario: sólo bastaba el consentimiento "oral o escrito" de un médico para acceder a la hierba, prohibida desde hacía casi 60 años en todo el país. Al final del listado de enfermedades se incluyó la frase "o cualquier otro padecimiento para el que la mariguana pueda proveer alivio". Esa laxitud y ambigüedad abrió la puerta a todo tipo de abusos y terminó por llevar a California a una legalización "de facto".

Andrew DeAngelo, hermano menor de Steve y, en los hechos, el hombre a cargo de Harborside, reconoce que alrededor de la mitad de sus clientes tienen problemas de salud "serios". Como su hermano, aboga por la transparencia, pero no da detalles sobre las dolencias de las personas que acuden al dispensario. "Es un asunto privado", afirma.

La Propuesta 215 tampoco fijó un marco regulatorio estatal, ni una agencia de control, ni un registro de los pacientes, y dejó en manos de las ciudades y de los condados la definición de las normas para su consumo, venta y producción. El resultado fue un caos de legislaciones contradictorias donde cada uno actuó a su antojo.

DeAngelo ha conseguido prosperar en este territorio "sin ley".

Una de las pocas regulaciones estatales que se implementó luego de la legalización establece que los dispensarios no pueden obtener beneficios económicos con la venta del cannabis. Al ser una organización sin fines de lucro, Harborside invierte sus ganancias en servicios gratuitos para sus "pacientes": masajes, terapia, clases de yoga, sesiones con quiroprácticos, todo lo que tenga que ver con el concepto de "bienestar" al que se vincula a la "medicina" en la visión de DeAngelo. El lema de Harborside, "Fuera de las sombras, hacia la luz", dice mucho sobre su propósito y filosofía.

En California, el mayor productor de cannabis de Estados Unidos, se les prohíbe a los dispensarios tener sus propios cultivos. Harborside ha establecido acuerdos con unos 500 granjeros. Todas las plantas que adquiere de ellos son minuciosamente analizadas en el laboratorio de Steep Hill, otra de las creaciones de DeAngelo. Allí, los cultivos pasan por pruebas de espectrografía de masa, las cuales determinan con precisión los distintos elementos químicos para detectar hongos nocivos y medir el nivel de THC, y de cromatografía de gases, una "foto" de las exhalaciones. Las plantas que no superan las pruebas son descartadas.

"Por primera vez en 3 mil años —dice DeAngelo—, los

consumidores saben de antemano que la planta ha sido analizada científicamente y que es segura".

En Estados Unidos, los dispensarios de mariguana medicinal fueron la primera imagen de la legalización del cannabis. Antes de que existieran, la mariguana sólo se vendía en coches, en callejones, en rincones alejados de las miradas de todos o por *delivery*. Si todo ocurría de noche, mejor. Los dispensarios fueron el primer lugar donde el cannabis se vendió en horario de comercio, a plena luz del día. Algunos abrazaron la parafernalia tradicional de la cultura *hippie*. Otros, en busca de ganar legitimidad, la enterraron y diseñaron una estética nueva. Estos dispensarios, por momentos, podían parecer muy similares a una bodega o una vinatería, pero, en vez de vender Malbec, Cabernet Sauvignon o Chardonnay, ofrecían las variedades AK-47, Silver Haze o Blue Dream. También podían recordar a una farmacia —con el símbolo de la cruz verde que suele distinguirlos—, a una botica —algunos guardan las flores de cannabis en grandes frascos de vidrio— o a un *drugstore* donde se vendían chocolates y golosinas.

DeAngelo no piensa, como muchos de sus colegas de militancia, que el cannabis podría venderse siguiendo lo que en Estados Unidos llaman el "modelo del alcohol" y menos aún del tabaco. No sólo por la naturaleza del producto, sino por los riesgos inherentes a la masificación de la producción de la planta.

"El conglomerado corporativo de Estados Unidos absorbe y transforma todo lo que puede. Si queremos prevenir la 'marlborización' del cannabis, tenemos que fijar un marco regulatorio que garantice que eso no pueda ocurrir", apunta.

DeAngelo, una de las voces de más alto perfil en el debate,

aboga por un mercado muy controlado, en manos de expertos, con un número limitado de licencias para garantizar la seguridad y la calidad en la distribución del cannabis.

"El cannabis es una sustancia psicoactiva muy poderosa, no se puede vender como el queso o la leche", afirma. Nada de venderlo en supermercados, como Walmart, o en cadenas abiertas las 24 horas, como 7-Eleven, ni de hacer publicidad en televisión. "Un vendedor en Walmart que tiene una cola de ocho personas y no tiene entrenamiento no podrá asesorar a la gente sobre cómo consumir cannabis".

Hay mucho dinero en juego. En Estados Unidos, el mercado de la mariguana medicinal ya superó los 2 mil millones de dólares en 2012, y se estima que podría crecer más allá de los 10 mil millones hacia 2017.

Para controlar el acceso al negocio, DeAngelo creó en 2010 The ArcView Group, junto a Troy Dayton, otro pionero del cannabis. ArcView se dedica a buscar "inversionistas ángeles" o fondos de riesgo que quieran apostar por el nuevo negocio de la mariguana, siempre con la filosofía de promover empresas serias y profesionales. Entre los miembros de ese grupo aparece Joby Pritzker, uno de los herederos del imperio hotelero Hyatt. "Cada vez más gente se da cuenta de que el cannabis va a ser legal y que será la próxima gran industria estadounidense, así que quieren empezar a apostar", dice Dayton.

DeAngelo se considera un pionero: "[En Harborside] hemos aplicado los más altos estándares de profesionalidad y de activismo en la industria del cannabis medicinal. Hemos dado un ejemplo a los legisladores de cómo puede hacerse de forma responsable, transparente, y respetando las leyes locales y estatales al pie de la letra. Mi esperanza es que este modelo se aplique en otros dispensarios en el resto del país".

Más allá de Harborside, California ha tenido que lidiar con su desorden.

En 2003, el gobernador demócrata Gray Davis intentó poner algo de claridad en el mercado al proponer directrices no vinculantes, que limitaban, por ejemplo, el número de plantas por persona en el estado a 18. La idea se topó con demasiados intereses locales: en Oakland, conocida ya como "Oaksterdam", quizá una de las ciudades que ha apostado con mayor fuerza por la industria del cannabis, cada paciente puede tener hasta 72 plantas.

Las inquietudes a raíz de este desorden fueron una de las razones que hicieron fracasar, en 2010, otra iniciativa popular, la Propuesta 19, que intentó legalizar el cannabis para consumo "recreativo". California, un estado pionero en la legalización del cannabis, primer productor y exportador de la hierba en Estados Unidos, estado más poblado, más rico y más innovador del país, se había convertido en un mal ejemplo. Fue cuando empezaron los problemas legales.

Frustrados por la proliferación de un mercado que autorizaba, de hecho, la venta libre de cannabis, las autoridades federales habían comenzado a impacientarse. A fines de 2009, los fiscales federales del estado, con el apoyo de la Agencia Antidrogas de Estados Unidos (DEA), iniciaron una ofensiva contra miles de dispensarios, lo cual generó una fuerte condena de la industria.

Uno de los objetivos de los fiscales fue desacreditar a Harborside, por su tamaño y visibilidad. DeAngelo, como buen activista, siempre atento a todo lo que pudiera impulsar el negocio, aprovechó la embestida federal para promocionar su causa y llevó al gobierno federal a los tribunales.

"En los últimos años, el gobierno estadounidense ha usado toda una serie de tácticas para cerrar Harborside: auditaron nuestras cuentas y nos acusaron de ser una organización de traficantes, por lo que nos impusieron multas por 2.5 millones de dólares, que apelamos. Hemos obtenido un par de victorias legales en 2012 y el gobierno federal no puede tocarnos de momento. Y confiamos en poder ganar si vuelven a los tribunales".

Todo esto DeAngelo lo contó en su propio *reality show* llamado *Weed Wars*, el cual protagonizó con su hermano Andrew y el resto de los empleados de Harborside. La serie, que se difundió en el Discovery Channel, sólo duró cuatro capítulos pero sirvió para echar una ojeada al mundo del cannabis.

Pese a sus encontronazos con las autoridades, los hermanos DeAngelo avizoran un futuro mucho más relajado. "La pregunta no es cuándo o dónde se va a legalizar el cannabis, sino cómo: cómo se va a regular la industria, cómo se va a producir y vender cannabis", repiten.

De hecho, se espera que California vuelva a presentar una propuesta de legalización en 2016. El partido demócrata ha incluido el respaldo al cannabis en su plataforma electoral. "Es hora de que California vuelva a liderar como lo hizo en 1996", declaró el vicegobernador del estado Gavin Newsom al presentar la propuesta. "Durante 20 años nos hemos limitado a admirar nuestros logros y, mientras tanto, el mundo, el país, otros estados como Colorado y Washington se han adelantado… Ha llegado el momento de legalizar, de fiscalizar y de regular la mariguana para adultos", afirmó.

Newsom, esperando convencer a los militantes indecisos, añadió: "Éste no es un debate sobre *hippies*. No es un debate sobre drogadictos. No podemos trivializar el problema o a las personas involucradas, menospreciándolas. Quiero dejar claro que se puede estar a favor de la regulación sin abogar por el consumo de drogas".

Colorado es la antítesis de California. Ha regulado su mercado con rigor y cuidado. Cuando las primeras tiendas que venden mariguana para ser consumida con fines "recreativos" abrieron sus puertas el primero de enero de 2014, todo estaba preparado sobre la base de un estricto marco regulatorio heredado de la mariguana medicinal.

El estado se encargó de aprobar las licencias a los dispensarios, las cantidades de droga que se podían comprar en cada tienda —para los residentes (28.3 gramos) y los "forasteros" (algo más de siete gramos)—, las condiciones de seguridad de los establecimientos, los lugares donde estaba permitido el consumo (prohibido, por ejemplo, en las pistas de esquí, muchas de ellas en parques nacionales, bajo exclusiva autoridad federal), las multas, las reglas para el cultivo, el control de las plantas (listadas en una base de datos estatal), los impuestos exclusivos al cannabis (15 por ciento) y, por supuesto, las multas para las personas que condujeran bajo los efectos de la hierba.

Éste es el marco en el que prospera Kayvan Khalatbari.

Khalatbari es uno de los fundadores de Denver Relief, el dispensario de mayor trayectoria de Denver de los más de 500 que existen en Colorado desde que se legalizó el uso terapéutico del cannabis en 2000, cuatro años después de California.

Con su gran sonrisa y modales afables, Khalatbari, como DeAngelo, se ha convertido en uno de los principales paladines del sector. Ha aparecido en seminarios, numerosos medios estadounidenses, incluido el prestigioso programa televisivo *60 Minutes*, para explicar que, para él, la mariguana, más que un negocio, es una forma de concebir la vida, un estado de "bienestar" más benigno que otras drogas legales, como el tabaco o el alcohol.

"Queremos operar de la forma más transparente posible. Y no esconder nada para quitar el estigma de lo que se desconoce". Moreno, con la cabeza rapada y una barba de dos días, alto y corpulento, Khalatbari mira con intensidad y habla con detenimiento y seguridad, aunque siempre con un tono suave.

Khalatbari es, en cierta manera, el heredero natural de DeAngelo. Con 30 años, ha creado un negocio en plena expansión que ya le reporta 2 millones de dólares al año. Hijo de un inmigrante iraní, dejó una vida convencional con un trabajo de escritorio a la que parecía destinado para independizarse, crear su propio negocio y seguir su sueño.

Ahora habla de balances, de posicionamiento de productos, de diversificación de servicios o de ampliación de capital con la rapidez e intensidad de un ejecutivo de General Motors. Khalatbari es un ciudadano modelo: miembro del comité directivo de la Orquesta Sinfónica de jóvenes de Colorado, considera su actividad como un servicio a la comunidad.

Son las nueve de la mañana de un domingo de otoño y en su dispensario de la avenida Broadway, en Denver, Khalatbari ya está listo para afrontar el día. El sol se refleja en las hojas amarillas de los árboles. El aire de Denver es extraordinariamente puro. Se la conoce como la "Mile-High city" porque está situada exactamente a una milla (mil 600 metros) sobre el nivel del mar, un nombre que los partidarios de la nueva vocación de la ciudad han hecho propio.

Por fuera, Denver Relief parece una tienda normal, con una puerta pequeña y una amplia vitrina tintada con una cruz verde, símbolo de los dispensarios. La primera sala al entrar, con sus dos sofás de falso cuero negro, su mesa baja, sus pilas de revistas y sus paredes de color indefinido, podría ser la salita de espera de un médico de provincias. Pero los detalles desentonan: las revistas son espesos catálogos con fotos a todo color de las distintas variedades de mariguana, algunas con nombres exóticos heredados de la época *hippie*.

Después de atravesar dos puertas, se entra al cuarto donde se vende el cannabis. Todas las salas están monitoreadas con cámaras de seguridad, similares a las que se ven en un casino en Las Vegas. En las repisas de madera, detrás de unos mostradores, se ven frascos de vidrio con nombres ciertamente intrigantes: Durban Poison, Gumbo, Lemon Diesel o Hashberry.

"La mariguana es parecida al vino —explica Khalatbari—, hay distintas paletas y sabores, y cada persona tiene su preferencia".

En su dispensario, además de los cogollos, vende caramelos, chocolate, jugos, cereal, manteca, miel y aceite de oliva, y un concentrado purificado de cannabis al que llaman "cera", el producto de mayor calidad, que parece azúcar caramelizada y contiene hasta un 90 por ciento de THC, el principal componente psicoactivo del cannabis. Este concentrado ha empezado a ganar en popularidad con los cigarrillos electrónicos, o vaporizadores, la nueva y muy popular forma de fumar el cannabis.

En su dispensario, Khalatbari ha puesto especial énfasis en la seguridad. En la sala de espera, después de la entrada, hay una ventanilla de cristal antibalas, como la de un banco, en la que una recepcionista muy simpática recibe la tarjeta y el documento de identidad de los clientes apenas entran al lugar.

Cuando empezó el negocio de la mariguana medicinal, los dispensarios solían sufrir muchos robos. Al ser negocios prohibidos por las leyes federales, los bancos fueron, y aún son, reticentes a trabajar con ellos, por lo que se han visto forzados a manejar casi todo el dinero de sus operaciones en efectivo. En Colorado, para proteger estos nuevos comercios, la ciudad exigió altas medidas de seguridad.

Todos los empleados de Khalatbari llevan un "botón de pánico", un sistema de aviso, conectado directamente con la policía en caso de incidente, lo que ha creado una nueva relación entre las fuerzas del orden y los dispensarios.

"La cooperación de la policía ha sido fenomenal. Nos quieren. Muchos agentes piensan que pierden el tiempo en delitos menores de drogas por todo el papeleo que les genera y porque otros crímenes merecen más su atención", dice.

Khalatbari y sus dos socios, Ean Seeb y Nick Hice, fundaron Denver Relief en mayo de 2009 con 4 mil dólares y poco más de 200 gramos de mariguana. Vendieron primero a domicilio hasta poder instalarse en una oficina, con el dinero de familiares y amigos.

"Al principio estaban muy nerviosos", dice Seeb al hablar de sus padres. "No sabían si iban a recuperar el dinero y veían que su hijo se estaba metiendo en algo que contravenía a las leyes federales". En el caso de Khalatbari, el dispensario era ya su segundo negocio en Denver. Dos años antes, en 2007, había montado Sexy Pizzas, una pequeña cadena de pizzerías de la que aún es dueño.

Khalatbari es un *ganjapreneur* porque cree en la causa y en los beneficios del cannabis, que también consume con regularidad. Piensa que empresarios y organizaciones civiles deben trabajar mano a mano. "La gente está saliendo del armario de la mariguana, como ha pasado con el matrimonio gay; son caminos paralelos, aunque cada uno con su dinámica. Ha sido bueno para ambas causas, porque han sido movimientos sociales ignorados durante mucho tiempo".

Al igual que DeAngelo, Khalatbari quiere impulsar una industria seria, profesional, que respete las reglas y regulaciones habidas y por haber para promover la legalización en todo Estados Unidos.

Además de la tienda de Broadway, Denver Relief posee en la ciudad un hangar de mil 200 metros cuadrados donde cultiva el 100 por ciento de las plantas que comercializa, una gigantesca selva verde que crece bajo un riguroso control al amparo del frío del invierno y el calor del verano. (En Colorado, a diferencia de California, los dispensarios pueden cultivar. La regulación estatal permite a los pacientes "delegar" a los dispensarios el cultivo de hasta seis plantas que deben crecer en espacios cerrados, no al aire libre.)

Khalatbari y Hice han perfeccionado año tras año su técnica de cultivo. Las semillas crecen primero en unos cubos pequeños que parecen hechos de una lana muy compacta. Luego de su nacimiento, la planta se transplanta a un compuesto de tierra preparado a mano. El hangar de Denver Relief tiene dos cuartos donde las plantas se desarrollan bajo lámparas que imitan la luz solar, alimentadas por agua purificada en tanques sellados, a la que se le agrega una mezcla de media docena de nutrientes antes de llegar a las raíces. La temperatura y la humedad en los dos ambientes se controlan con ventiladores y equipos de climatización, y se monitorean todo el tiempo con medidores electrónicos. Cada planta es observada con la minuciosidad de un laboratorio: un programa informático especial la sigue desde la semilla hasta la venta final, el llamado *seed to sale,* que se ha convertido en uno de los estándares de la industria.

Tras la cosecha, las plantas se cuelgan en un tercer cuarto, donde descansan en la oscuridad durante una semana. De allí, la flor tiene dos destinos: bolsas de plástico para ser vendida o una máquina donde se quema con gas butano para obtener un concentrado llamado en la jerga "cera". Esa cera luego se quema en un horno para obtener un líquido aceitoso, de color marrón oscuro, que se utiliza para los productos comestibles.

El dispensario produce entre 18 y 20 kilos de mariguana al mes para sus 400 clientes, una pequeña parte de los poco más de 116 mil "pacientes" registrados en el Departamento de Salud Pública y Medioambiente de Colorado hasta abril de 2014.

Cuando Colorado votó a favor de legalizar el consumo y la producción de cannabis recreativo, en noviembre de 2012, Khalatbari y sus socios se posicionaron enseguida. La ley les dio una importante ventaja: los propietarios de dispensarios tuvieron prioridad para ampliar sus negocios al consumo recreativo.

"Estamos haciendo algo que no se ha hecho en ningún otro sitio del mundo", dice.

Kayvan Khalatbari creció en Lincoln, Nebraska. Tres días después de graduarse en la universidad empezó a trabajar en una firma de ingenieros. Tenía 19 años. Al poco tiempo, la compañía lo trasladó a Denver. En aquella época ya militaba a favor de la mariguana, que había empezado a consumir siendo adolescente.

Una militancia, en ocasiones, exótica. En 2005 se disfrazó de pollo y siguió al alcalde de Denver, el republicano John

Hickenlooper, ahora gobernador de Colorado, para denunciar que le faltaba valor a la hora de respaldar la legalización (*chicken*, pollo en inglés, también se utiliza en la jerga estadounidense para decir "cobarde").

"Creo que todavía se acuerda de aquello. Nos tomaron buenas fotos", dice riendo Khalatbari.

(Ironías de la vida, Hickenlooper fue el gobernador que firmó la legalización del cannabis y podrá invertir más dinero en las escuelas gracias a los recursos que le aportarán los impuestos del nuevo negocio. Colorado esperaba recaudar más de 130 millones de dólares en impuestos en 2014, de los cuales unos 40 millones deben utilizarse para renovar las escuelas del estado, según la reforma aprobada por los votantes.)

Khalatbari decidió entonces que la vida que llevaba no era la que quería. "No podía seguir trabajando en una oficina, en un cubículo, me estaba destruyendo, casi me caso con una mujer que me estaba haciendo engordar. No era una persona feliz, pero no me daba cuenta porque mi vida había pasado muy despacio. Y un día me harté y lo dejé todo, mi trabajo, mi novia, mi seguro medico. Viví sin casa durante unos meses, pero empecé el negocio de Sexy Pizza y más tarde fundamos Denver Relief".

Los suyos han tenido que hacerse a la idea de tener un *ganjapreneur* en la familia. "Aunque no lo tenían muy claro, me vieron progresar y hacer cosas buenas. A mi madre le encanta. He descubierto hace poco que fumó mariguana después de que yo la probara. Su nuevo marido también. Mi padre es un poco distinto, es originario de Irán y es más tradicional. Pero cuando me vio en el reportaje de *60 Minutes* quedó convencido".

Sin embargo, salir en televisión y tener un negocio legal no ahorra todos los problemas. A nivel federal, el cannabis sigue siendo un negocio ilegal y el rechazo de los bancos a trabajar con los dispensarios ha sido un escollo. Khalatbari, por ejemplo, está en la "lista negra" de American Express y, en 2013, BBVA Compass, con el que dice que tenía una relación abierta, cerró todas sus cuentas bancarias. Algunos dispensarios se han visto forzados a ir con miles de billetes a las ventanillas de las oficinas estatales para poder pagar sus impuestos. Ciertos bancos privados y, sobre todo, los bancos regionales, tienen una actitud distinta a las grandes entidades financieras, dice Khalatbari. Además, el panorama ha comenzado a cambiar.

Durante años, la industria del cannabis impulsó gestiones en Washington para obtener autorización del gobierno federal a fin de operar con el sector financiero. Los bancos tienen prohibido trabajar con negocios ilegales, y los dispensarios han quedado atrapados en una suerte de dimensión desconocida: su negocio es legal en los estados e ilegal en el país. El Congreso siempre eludió brindar una solución a este problema y los dispensarios tuvieron que ingeniárselas para trabajar en efectivo. El avance de la legalización aumentó la presión sobre Washington. En febrero de 2014, el gobierno de Barack Obama decidió actuar. El Departamento de Justicia anunció que no entablaría acciones legales contra los bancos que trabajaran con dispensarios, y el Departamento del Tesoro publicó reglas para orientar el vínculo entre las entidades financieras y las compañías sin dejar de lado el objetivo de "asegurar una mayor transparencia financiera". Eso sí: el gobierno federal exigió a las instituciones bancarias que cursaran con regularidad informes sobre las actividades de

los dispensarios para evitar el lavado de dinero y el narcotráfico. La iniciativa oficial no calmó del todo las inquietudes del sector bancario o de los *ganjapreneurs*, pero fue, con
todo, un avance. Y la decisión confirmó la legitimidad que
han adquirido las empresas del cannabis en Estados Unidos,
gracias, en gran parte, a la labor de empresarios como Steve
DeAngelo y de Kayvan Khalatbari.

Este tipo de avatares no ha frenado el espíritu innovador de los dispensarios, que siempre se movieron con la
certeza de que su negocio, con el tiempo, se transformaría
en algo tan normal como una farmacia o una vinatería. El
futuro traerá una relación mucho más abierta con el cannabis, pero también más discreta.

Para Khalatbari, una de las características de ese futuro
será la diversificación de productos y de las actividades. Los
vaporizadores electrónicos —una suerte de porro electrónico que a simple vista parece un bolígrafo y que ha comenzado a copar el mercado—, ungüentos y productos comestibles
serán más populares, en parte porque resultan más sanos que
los tradicionales porros, un tanto pasados de moda.

"Hay mucha gente que está consumiendo sin decírselo a
nadie y para ellos mantener la discreción es un factor muy
importante. Por eso prefieren productos que no tengan olor,
como los comestibles. Además, es más sano que inhalar. Hay
muchas formas mucho más saludables de consumir mariguana", dice Khalatbari.

Para atender la nueva demanda, Khalatbari va a construir,
detrás de su dispensario, un nuevo edificio de dos plantas
donde instalará un laboratorio para crear más concentrados,
que también sirva de "campus" donde nuevos empresarios
puedan aprender a cultivar y a hacer negocios, a medida

que otros estados se disponen a legalizar el cannabis. Además, quiere crear un club privado con un número limitado de clientes y una membresía por unos 250 dólares anuales —dinero que luego donará a organizaciones de beneficencia— para garantizar la exclusividad de sus servicios.

"Vimos lo que pasó en los primeros meses de la legalización, muchos dispensarios no supieron prever la demanda y se quedaron sin productos; nosotros queremos mantener nuestra relación privilegiada con nuestros clientes", sostiene.

DeAngelo promueve un "modelo de bienestar" y Khalatbari no tiene problemas en hablar del "modelo del alcohol", pero ambos tienen algo en común: quieren y promueven una industria donde prevalezca el profesionalismo, la seriedad y la dedicación.

DeAngelo lo hace a través de The Arcview Group y Khalatbari a través de una asesoría, Denver Relief Consulting, que ayuda a emprendedores de otros estados. Khalatbari ha viajado por todo el país, especialmente en la costa este, más reticente a aceptar la nueva cultura del cannabis. Ha hablado con clientes y gente vinculada a la política, personas que necesitan un guía en esta nueva industria. Con la ampliación del mercado, llegarán nuevas oportunidades.

"Cuando haya estados más grandes e inversores más potentes, va a ser un *boom* de nuevos productos y de nuevas tecnologías", anticipa Khalatbari.

En Colorado, agrega, la transición ha sido fácil porque esa cultura ya existía desde hacía años. La idea, ahora, es exportarla al resto de Estados Unidos.

EL PROFETA

Ethan Nadelmann recorre los pasillos del hotel Sheraton, en Denver, Colorado, saludando a todo mundo. Apenas ha empezado a hablar con alguien cuando otro de los asistentes a la conferencia de la Drug Policy Alliance (DPA) viene a darle la mano. Nadelmann, creador y organizador de este encuentro, que cada dos años y durante tres días reúne a más de 2 mil activistas, políticos y empresarios para hablar de las drogas, lleva el ajetreo con mucha soltura: mantiene varias conversaciones simultáneas y presenta a unos y otros mientras consulta con una mirada rápida las llamadas pérdidas y los correos electrónicos todavía por contestar en su celular.

"La parte que más me gusta de mi trabajo es reunir a la gente. Me encanta. A la gente de derecha como de izquierda", dice.

Ese trabajo pudo no haber existido nunca. Nadelmann

pensaba dedicarse al conflicto en Oriente Próximo, quizá como analista o incluso mediador. Llegó a ser profesor en la Universidad de Princeton y trabajó para el Departamento de Estado. Pero la vida lo llevó por otros derroteros.

A sus 57 años, Nadelmann es el autor intelectual más respetado de un movimiento que hasta hace poco se consideraba marginal o transgresivo y una de las figuras que ha contribuido a elevar el debate sobre la política de drogas y le ha dado consistencia. Nadelmann es el fundador y el director de la DPA, la organización que ha impulsado con mayor eficacia la legalización del cannabis en Estados Unidos. En un perfil titulado "El verdadero zar de las drogas", la revista *Rolling Stone* lo llamó "el hombre más influyente en la batalla por la legalización".

Defender la mariguana no parecía una vocación natural para este hijo de rabino neoyorquino que creció en un ambiente conservador. Pero no se puede acusar a Nadelmann de no creer en lo que hace. Mezcla de intelectual y orador motivacional —hay que verlo arengar con entusiasmo a los asistentes de su conferencia—, habla siempre con pasión y con un poder de convicción que también nace de su apariencia: saco, corbata, pelo canoso, calvicie incipiente, un estilo que encaja a la perfección en cualquier simposio internacional.

Para Nadelmann, legalizar el cannabis, que dice consumir muy poco, es una cuestión de principios: su meta es terminar con las injusticias y los efectos devastadores de la guerra contra las drogas en Estados Unidos.

"La gente que se une a este movimiento no lo hace para ganar poder político o el respeto del *establishment* —sostiene—; lo hace porque son pensadores que van a contracorriente y porque han tenido la sabiduría de ver más allá de la hipocresía de nuestras sociedades".

Ambicioso, resuelto y cordial —es una de esas personas que casi nunca pierde la sonrisa cuando habla—, Nadelmann se ha asignado una triple tarea: mantener unido el movimiento a favor del cannabis, terminar de convencer a la opinión pública de los beneficios de la legalización y cambiar las leyes que rigen la política de drogas en Estados Unidos.

Nadelmann es el profeta del cannabis.

"No niego que hay una parte de proselitismo, de satisfacción moral del misionario que me atrae", reconoce.

Una anécdota de su etapa como profesor en la Universidad de Princeton pinta al personaje. "Solía preguntar a mis alumnos: ¿cuántos de ustedes quieren ser criminales cuando sean mayores? Y nadie me contestaba. Entonces les pedía que se levantaran, alzaran la mano y juraran que el resto de sus vidas iban a pagar todos sus impuestos hasta el último centavo. Ahí es cuando reaccionaban. Todos se quedaban con la mano levantada mirándose los unos a los otros. Es un momento muy especial cuando una persona ve un problema de una forma totalmente distinta; es una sensación casi física", explica.

Nadelmann llegó a la pelea por la legalización del cannabis por curiosidad personal e intelectual. "Era un rompecabezas que me atraía: ¿Cómo puede ser que una mayoría de los estadounidenses crea algo totalmente falso desde una perspectiva científica e histórica? Porque, si lees la literatura científica sobre las drogas, llegas a una conclusión totalmente opuesta a la que te lleva el proceso político. Yo era alguien a quien le gustaba fumar mariguana, para quien las drogas psicodélicas habían sido importantes, y sabía que tenía muchas menos posibilidades que un joven negro de que me detuvieran".

Además de la ausencia de racionalidad científica en el mundo de las políticas públicas destinadas a lidiar con las drogas, a Nadelmann lo atrajo la riqueza política y filosófica de la discusión sobre su futuro.

"Está en un cruce ideológico interesante: me importa el tema de la libertad personal más que a mis amigos progresistas, pero también me interesa el aspecto de la justicia social más que a mis amigos libertarios", apunta.

En Harvard, Nadelmann se dedicó a estudiar las relaciones entre israelíes y palestinos y el conflicto de Oriente Próximo, y empezó a interesarse en el mundo de la diplomacia. Pero cuanto más se involucraba en la cuestión más deprimente le parecía. Necesitaba una causa nueva y un amigo le recordó que siempre se había interesado por la justicia criminal, un área que brinda espacios para intensos debates políticos. Ese interés lo llevó hasta la guerra contra las drogas, en aquella época, los 80, en pleno apogeo.

Al terminar sus estudios, Nadelmann trabajó durante un año en la sección de narcóticos del Departamento de Estado. Después se fue a Princeton a trabajar como profesor. Lo normal, dice, habría sido seguir por esa vía, pero se cansó muy rápido de las peleas intelectuales de sus colegas. "Había muchos egos, sobre todo en ciencias sociales", refiere. Y añade, bromeando: "Ya sabe lo que solía decir Henry Kissinger sobre los académicos al preguntarse por qué sus batallas son tan feroces: porque los riesgos son muy pequeños".

Nadelmann quería tomar parte de manera más directa en la acción e influir en la batalla por la legalización. Cuando empezó a pulir su carrera de militante, a fines de los años 80, sólo algunos intelectuales de derecha, como William F. Buckley, uno de los exponentes más influyentes del pensamiento conservador de la época, o el economista Milton Friedman, padre de la llamada Escuela de Chicago, empezaban a apuntalar el debate sobre las alternativas de políticas para lidiar con el problema de las drogas. A ellos se sumaba el director de la Unión Americana de Libertades Civiles (ACLU), Ira Glasser. Todos tenían orientaciones políticas totalmente opuestas, pero los unía una misma convicción: era necesario cambiar de política.

En el apogeo de la guerra contra las drogas, Nadelmann escribió un artículo en la revista *Foreign Policy*, "Commonsense Drug Policy", en el que criticaba la prohibición y proponía considerar otras opciones. "Aquello me dio mis 15 minutos de fama", recuerda.

En 1994 recibió una llamada que le permitiría llegar al lugar que ocupa en la actualidad: George Soros, millonario, filántropo, lo buscó para darle su apoyo y brindarle sus millones a la causa. Con el respaldo de Soros, Nadelmann creó el Lindesmith Center, que luego, en el año 2000, transformaría en la Drug Policy Alliance.

La DPA ha crecido hasta convertirse en la principal organización detrás del esfuerzo por reformar la política de drogas de Estados Unidos. En los últimos diez años ha profesionalizado la lucha a favor del cannabis y ha desplegado acciones de presión que abarcan el financiamiento y la consultoría en las campañas de legalización, las actividades de *lobby* con legisladores y asesores de las legislaturas estatales o del Congreso, gobernadores o funcionarios del gobierno federal, y todo lo que ayude a fomentar el debate: desde una presencia constante en las redes sociales, una columna de opinión o una aparición de Nadelmann en los medios, hasta la organización de la conferencia bianual o de un encuentro en el que un panel de expertos discute algún aspecto puntual de la reforma de la política de drogas. La organización tiene un presupuesto de más de 11 millones de dólares y emplea a casi 60 personas que están dedicadas exclusivamente a promover la legalización de las drogas. Su poder de fuego se resume en un número: a fines de 2013, la organización había logrado asegurar donaciones futuras de fondos para invertir en la causa por 42 millones de dólares.

La organización creada por Nadelmann no está sola. El movimiento en el que navega es tan heterogéneo que una de las misiones que se ha impuesto a sí mismo es mantener la disciplina entre sus aliados.

"A veces no es al enemigo al que te apetece estrangular, sino a tus compañeros de batalla; pero aunque luchemos entre nosotros e incluso lleguemos a odiarnos, no debemos perder de vista nuestro objetivo", describe.

La DPA tiene su sede en Nueva York, pero convive con otras tres organizaciones que cuentan con oficinas en Washington, donde han aprendido a moverse por los pasillos del poder como cualquier otro *lobby*. No actúan juntas, porque no todas abogan por lo mismo, pero sí coordinan sus acciones. Estas organizaciones, que durante muchos años sólo eran conocidas por los militantes, están ahora en el centro del debate: National Organization for the Reform of Marijuana Laws (NORML) es la más veterana y posee filiales por todo Estados Unidos, muchas de las cuales agrupan a los activistas más radicalizados del movimiento; Marijuana Policy Project (MPP) es la más activa en las campañas de promoción y legalización, mientras que Students for a Sensible Drug Policy (SSDP) se centra en la movilización estudiantil.

Las "cuatro grandes", llamadas dentro del movimiento las "punto org", suelen reunirse de tanto en tanto con legisladores en Washington para tratar de convencerlos de sus objetivos, una tarea, que, explica el presidente de NORML, Allen St. Pierre, ha cambiado mucho. Antes había que llamar insistentemente a la puerta de los congresistas. Ahora son varios de ellos los que piden asesoramiento.

"Me dicen que la prohibición es un lujo que ya no se pueden permitir", explica St. Pierre.

NORML tiene sus despachos en K Street, la calle de los lobistas en Washington. Fue creada en 1970 por el abogado Keith Stroup, con una donación de 5 mil dólares de la Fundación Playboy, una iniciativa de Hugh Hefner, el excéntrico director de la revista, para "promover el cambio social". En sus diez primeros años, NORML contribuyó a despenalizar la posesión de mariguana en diez de los 50 estados estadounidenses. Ahora ha quedado más relegada y cuenta con un presupuesto anual inferior al millón de dólares.

"Es la organización más veterana, pero no es la que lidera los movimientos políticos, ni la que aporta financiamiento para impulsar las grandes iniciativas", dice Alison Holcomb, autora de la ley que ha legalizado la mariguana en el estado de Washington. "Ése es el papel de Marijuana Policy Project".

Fundada en 1995 por dos antiguos miembros de NORML, Rob Kampia y Chuck Thomas, Marijuana Policy Project ha tomado el relevo de su predecesora y es ahora la principal organización a favor de la regulación del cannabis. Con un presupuesto de poco más de 3 millones de dólares, despliega sus actividades en la capital y en los estados, lanza campañas masivas destinadas a cambiar la opinión pública y, sobre todo, pone el dinero para financiar campañas electorales con la finalidad de aprobar referendos como los que legalizaron el cannabis en Colorado y Washington, en 2012, un esfuerzo que coordina con la organización de Nadelmann.

Ninguna de estas dos organizaciones habría podido desarrollarse como lo hicieron sin la generosa contribución de dos multimillonarios: el financiero estadounidense de origen húngaro George Soros y el magnate de los seguros Peter Lewis.

La participación de Soros empezó en 1996, cuando California abrió la puerta de la legalización al aprobar una propuesta de reforma de ley en referendo, la Propuesta 215 o Compassionate Use Act, y se convirtió en el primer estado en permitir el consumo de cannabis con fines médicos. El referendo californiano marcó un punto de inflexión en la profesionalización de la causa del cannabis y la lucha por la legalización.

"Los expertos calcularon que se necesitaban de 5 a 6 millones de dólares para garantizar el éxito de la iniciativa", recuerda St Pierre. "Soros —que puso un millón de su propio bolsillo— llamó a Peter Lewis y a John Sperling, fundador de la Universidad de Phoenix. Si estos tres multimillonarios no hubieran aportado dinero, no estaríamos hablando de esto ahora".

Nadelmann, que convenció a Soros para que se involucrara, vio en California la oportunidad de cambiar la imagen del consumidor de cannabis: del estereotipo del "bohemio rasta" al enfermo de cáncer que necesitaba imperiosamente la hierba para contrarrestar los efectos de la quimioterapia. Nadelmann aprovechó esta oportunidad para "rescatar" la iniciativa de los activistas tradicionales y contrató a un consultor profesional, Bill Zimmerman, que se encargó de llevar a cabo la campaña. Fue un éxito rotundo: consiguió un 56 por ciento de votos a favor.

Así nació un modelo con el que los activistas se lanzaron a conquistar el mapa de Estados Unidos, estado por estado. Con la victoria en California en mano, el primer punto de quiebre en la pelea por la legalización, Nadelmann recabó otros 8 millones de dólares para lanzar iniciativas similares en Alaska, Washington, Oregón, Nevada, Colorado y Maine. Entre 1998 y 2000, esos estados se sumaron a California y también aprobaron el uso de la mariguana con fines terapéuticos. En 2014, la ola de referendos y de reformas aprobadas por legisladores estatales ya había alcanzado a 23 estados y el Distrito de Columbia.

Soros se ha convertido en una de las principales fuentes de financiación del movimiento. El multimillonario nunca ha ocultado sus propósitos: la mariguana es una de las causas progresistas que defiende por el mundo.

"La criminalización de la mariguana no ha evitado que se haya convertido en la sustancia más utilizada en Estados Unidos y en otros países", escribió Soros en un artículo publicado en el periódico *The Wall Street Journal*. "¿Quién se beneficia de mantener la mariguana ilegal? [...] Las organizaciones criminales de México y de otros países que cada año ganan miles de millones de dólares en este comercio ilegal y que perderían una ventaja competitiva con la regularización".

Soros no se quedó allí. También hizo un poco de historia. Cuando Estados Unidos y otros estados decidieron —entre 1915 y 1933— criminalizar el uso de la mariguana, escribió, "sus motivos no se basaron en la ciencia o en la salud pública, sino en la discriminación contra los inmigrantes mexicanos que supuestamente fumaban la hierba mortífera". Nadelmann defiende el mismo razonamiento: la línea que divide a las drogas legales de las ilegales se trazó según quiénes utilizaban o quiénes se percibía que utilizaban cada droga, y no por un conocimiento científico sobre el riesgo inherente a su uso.

El dinero de Soros —sobre todo en contribuciones a la Drug Policy Alliance— fue determinante para impulsar la legalización. Y no sólo en Estados Unidos. El multimillonario se reunió en septiembre de 2013 con el presidente de Uruguay, José Mujica, para respaldar su decisión de legalizar el cannabis.

Peter Lewis, magnate estadounidense de los seguros, es otro de los millonarios que ha invertido una parte de su inmensa fortuna personal en la pelea por legalizar la mariguana. El fundador de la compañía Progressive apadrinó numerosas iniciativas a favor de la regularización, como la del cannabis medicinal de Massachusetts, en 2012, y financió a las principales organizaciones del movimiento, sobre todo a Marijuana Policy Project (MPP). Lewis no sólo ha financiado el avance del cannabis. Fiel a la tradición filantrópica de los multimillonarios estadounidenses, ha apoyado también a instituciones como el Museo Guggenheim o la Universidad de Princeton, donde estudió.

Nada predestinaba a este *self-made man* de Cleveland, Ohio, a jugar un papel tan importante en un movimiento que hasta hace poco no se veía con buenos ojos.

Pero Lewis cultivó una relación personal con el cannabis, que empezó en 1988, cuando, a los 64 años, se le amputó parte de una pierna debido a una infección incurable. "Pasé

un año de dolor indescriptible en una silla de ruedas", contó a la revista *Forbes*. "Durante esta época, me alegré mucho
de tener mariguana. No me quitó totalmente el dolor, pero
evitó que me tomara píldoras que te dejan sin fuerzas". Lewis
siguió fumando. Uno de sus asesores llegó incluso a descri-
birlo como un *functioning pot head*, una persona que puede
desenvolverse en la vida sin problemas aun bajo los efectos
psicotrópicos del cannabis.

Lewis empezó entonces una cruzada de más de 30 años
que le llevaría a gastarse unos 50 millones de dólares en
tratar de cambiar las leyes estadounidenses que impedían
el acceso a la hierba. El estrecho vínculo que forjó con la
droga le costó incluso unas horas tras las rejas cuando, en
el año 2000, fue detenido por posesión en Nueva Zelanda,
poco antes de embarcar en su avión privado, luego de que
los agentes de aduanas encontraron cannabis en su equipaje
y en el *jet*. El multimillonario admitió los cargos y pasó una
noche en la prisión de Otahuhu. Como multa, hizo un do-
nativo de 53 mil dólares a un centro local de desintoxicación,
Odyssey House.

"Mi misión es reducir las penas por cultivar, usar y vender mariguana, así de sencillo", dijo Lewis a la revista *Fortune*.
"Cuando uno piensa en toda la gente que usa mariguana,
desde líderes políticos a estrellas del deporte, pasando por
ejecutivos y ciudadanos de a pie, una de las maneras de ganar
esta batalla es ser honesto. Creo que si todo el mundo que ha
usado mariguana se atreviera a decir: 'La he probado y no
está nada mal', la discusión habría acabado".

Pero la discusión continúa. Desde la decisión de Washington y Colorado, la legalización de la mariguana ha pasado de
ser un tema abstracto a una realidad política muy tangible. El

movimiento está ahora más cerca que nunca de alcanzar su máximo objetivo: el fin de la prohibición federal al cannabis, y debe elegir una estrategia a seguir.

Entre los militantes existe una discusión acerca de si es necesario aprovechar la oportunidad para intentar alcanzar ahora el objetivo soñado, o si es mejor extremar la prudencia para no asustar a una opinión pública cada vez más favorable a su causa.

"Debemos ser prudentes. Nada indica que las reformas de Washington y Colorado se vayan a extender al resto del país", estima Graham Boyd, abogado, consejero de Peter Lewis y uno de los nombres más reconocidos del movimiento.

Boyd es cauto porque ha aprendido las lecciones del pasado. El avance del cannabis en Estados Unidos ha tenido ya dos momentos de euforia que acabaron de manera repentina.

El primero ocurrió en los años 70, en plena época *hippie*. Entre 1973 y 1978, 12 estados despenalizaron la posesión de mariguana, una iniciativa que el presidente Jimmy Carter respaldó públicamente en 1979 al abogar que se aplicara en todo el país. Parecía entonces que la legalización se abría camino entre la opinión pública y los políticos. Pero la llegada al poder de Ronald Reagan, en 1981, cortó en seco las esperanzas del movimiento. Reagan decidió reiniciar la guerra contra las drogas lanzada una década antes por el presidente Richard Nixon e impuso una política de "mano dura" que trascendió su paso por la Casa Blanca.

En 1992, el regreso de los demócratas a la Casa Blanca con Bill Clinton no introdujo grandes cambios respecto de sus predecesores. El presidente que reconoció haber "fumado sin inhalar" lanzó en 1995 una campaña masiva contra la mariguana para ganar el voto conservador de cara a su reelección.

En 1996, Clinton nombró a un general de cuatro estrellas, Barry McCaffrey, como su nuevo "zar" de la lucha antidroga.

McCaffrey aplicó una política extremadamente dura contra el cannabis, al que consideraba un camino hacia sustancias más duras, una "puerta de entrada" hacia drogas como la heroína. Poco antes de dejar el cargo, en 2000, McCaffrey anunció que el gobierno federal castigaría a todos los médicos que aconsejaran el uso del cannabis, aun en los estados que habían votado a favor de su uso medicinal, algo que veía como una mera estrategia para nacionalizar la legalización. McCaffrey llegó incluso a criticar abiertamente a George Soros por apoyar las iniciativas de reforma.

Nada de eso impidió que en 1996 el movimiento consiguiera sus dos primeras victorias importantes: California y Arizona votaron a favor del uso del cannabis para fines médicos. California implementó la decisión ese año, mientras que Arizona tuvo que postergarla hasta 2011.

"Estábamos en primera página de *Newsweek*", recuerda Nadelmann. "De pronto la gente se dio cuenta de que podíamos jugar en la arena política estadounidense".

Pero ocurrieron los atentados del 11-S. "George Bush y Dick Cheney se adueñaron de la Casa Blanca, los republicanos tomaron el control del Senado, el público empezó a preocuparse mucho por la seguridad. En 1999, solíamos llamarnos el movimiento antiguerra [contra las drogas]. De pronto teníamos una guerra de verdad, así que tuvimos que cambiar de estrategia y sobre todo retirarnos de la primera plana", agrega Nadelmann.

El movimiento vuelve a estar ahora en la cresta de la ola y, esta vez, el contexto político, económico y social es mucho más propicio para alcanzar sus objetivos que en las décadas anteriores. Es su momento. Pero, aun así, sus voces más notorias levantan una cortina de prudencia y enumeran desafíos que deberán sortearse antes de cantar victoria.

El movimiento aún debe terminar de convencer a la opinión pública y mantener a raya las diferencias entre los grupos más radicales, que quieren una legalización con la menor regulación posible, y los más pragmáticos, que abogan por una legalización con regulación conservadora y que hasta ahora han logrado imponerse.

Para Boyd, lo importante es "suavizar las voces más radicales dentro del movimiento para presentar propuestas que atraigan a la franja moderada de la opinión pública". Mason Tvert, director de Comunicaciones del Marijuana Policy Project y uno de los arquitectos de la legalización del cannabis en Colorado, reconoce que existe dentro del movimiento un ala más extremista, pero le resta importancia: "No le prestamos mucha atención".

El movimiento sí ha sabido prestar atención a lo que quieren los votantes. Holcomb, arquitecta de la legalización en Washington, opta por estudiar en profundidad, tal como lo hizo ella, qué quieren las personas que votan, porque en definitiva son ellas las que decidirán si la mariguana será legal o no. Boyd coincide con esta idea. "Hay que entender cómo funciona el electorado: a un tercio de los votantes le gusta la mariguana y piensa que debería ser legal, otro tercio la detesta y hay otro tercio al que no le importa". Ese tercio de la población es al que el movimiento debe seducir.

"Cree algunos de los estereotipos negativos, pero no piensa que sería tan tremendo despenalizarla y están abiertos a la idea de pensar en otro modelo que regule la producción y le coloque impuestos", explica Boyd.

El abogado considera que el éxito de la regulación es… más regulación. "Washington y Colorado han creado un marco legal severo. Y hay un debate dentro del movimiento sobre la necesidad de estas leyes", señala.

Una vez más, California volvió a marcar otro punto de inflexión, esta vez con el fracaso en 2010 de la Propuesta 19, una iniciativa de reforma que aspiraba a legalizar el uso "recreativo" del cannabis, parecida a la que permitió su empleo para fines terapéuticos en 1996. Dicha iniciativa fracasó.

"Fue un ejemplo de los errores que se pueden cometer y de lo que los votantes están dispuestos a aceptar. Se quiso ir demasiado rápido, demasiado temprano. Y pongo un ejemplo concreto: dentro de aquella propuesta se prohibía que las empresas pudieran llevar a cabo pruebas de detección de drogas entre sus empleados", dijo Boyd. Esa práctica corporativa es muy común en Estados Unidos.

"Provocó una reacción muy grande por parte de los empresarios y de la poderosa industria de exámenes, y aunque fue un idea muy razonable de los activistas se transformó en un arma para asustar a los votantes moderados. Por eso pienso que hay que redactar nuestras propuestas de forma muy conservadora si queremos que se aprueben".

Otros obstáculos se interponen en el arduo camino hacia la legalización. De cara a una estrategia para terminar con la prohibición federal, uno de los mayores problemas, asegura Nadelmann, es la inercia del gobierno federal de Estados Unidos.

"Es como intentar cambiar la dirección de un transatlántico", describe. La burocracia de las agencias federales, en particular del Departamento de Estado, del Pentágono y del Departamento de Justicia, "lleva 20 o 30 años haciendo los mismos argumentos y brindando los mismos mensajes sobre la guerra contra las drogas, que no tienen ganas de cambiar".

Con todo, ha habido muestras concretas de transformación: Barack Obama ha dejado que la legalización avance en Washington y Colorado, y ha enviado señales de cambio, pequeñas pero significativas. Su antiguo zar de las drogas, Gil Kerlikowske, fue el primero en su puesto en decir que ya no quería utilizar más el término "guerra contra las drogas".

Pero hay frentes de resistencia que persisten: las agencias de seguridad, la policía y los *sheriffs* locales que no quieren abordar el problema.

"Algo que he aprendido en mi carrera política es estar muy atento a lo relacionado con el crimen. Los estadounidenses están locos con este tema, quieren encerrar a más gente que ningún otro país del mundo. Y están especialmente preocupados por el acceso de las drogas a los niños. Ha sido nuestro mayor obstáculo", explica Nadelmann.

El líder intelectual alberga, también, ciertas inquietudes respecto de los empresarios del cannabis, aunque muchos de ellos también sean activistas y le hayan aportado una mayor sustancia al movimiento. "Su papel es mixto y vamos a hacer todo lo posible por evitar que la industria se vea tomada por la producción en masa. La gente que espera beneficiarse de la legalización no está invirtiendo en la legalización, están esperando que yo y organizaciones como la Drug Policy Alliance hagamos todo el trabajo político para luego llegar y sacar beneficios", advierte. El problema con el negocio del cannabis, sostiene Nadelmann, es que en Estados Unidos las cosas no se hacen a medias.

"O el juego es ilegal, o tenemos casinos abiertos 24 horas

con alcohol y chicas guapas. No somos los mejores encontrando un término medio y una solución sensata".

Nadelmann quiere, sobre todo, evitar la "marlborización" de la mariguana, que los grandes intereses que han promovido el tabaco transformen la producción de cannabis en *Big Marijuana*, un gigantesco e incontrolable conglomerado corporativo que termine promoviendo el abuso en el consumo. Nadelmann prefiere el modelo del comercio del vino, un modelo de pequeños productores y de comercio artesanal, una alternativa que ha ganado popularidad dentro del movimiento. Y se muestra confiado en encontrar los matices que Estados Unidos no siempre ha sabido hallar.

"Los retos a los que nos enfrentamos son distintos. Como cualquier movimiento político que crece, se hace cada vez más complejo. Al principio nos manifestábamos contra la prohibición y la guerra contra las drogas. Ahora discutimos sobre tipos de modelos regulatorios. Nos hemos convertido en expertos de los matices, y debemos resolver las diferencias que surgen entre nosotros".

El financiamiento del movimiento, ahora en su apogeo, no es un tema menor. La muerte repentina de Lewis, el 23 de noviembre de 2013, de un ataque al corazón cuando acababa de cumplir 80 años, sumió en la incertidumbre durante unos meses a Marijuana Policy Project, que tenía en Lewis a su principal mecenas. La familia del magnate de los seguros decidió finalmente mantener el respaldo a la causa, una decisión que, en las palabras de Boyd, "honra su legado". Una de sus preocupaciones, justamente, es que los éxitos que ha logrado el movimiento generen cierta autocomplacencia y lleven a quienes han financiado las iniciativas durante todos estos años a considerar el cannabis como una causa menos prioritaria porque creen que la batalla ya está medio ganada.

En cuanto a Nadelmann, seguirá luchando por convencer a progresistas, libertarios, conservadores y ultraconservadores, sin importarle que a veces no lo entiendan.

"Mis amigos de izquierda piensan que soy libertario y mis amigos libertarios piensan que soy de izquierda, algo así como el hijo ilegítimo de George Soros y de la reina de Inglaterra", bromea, sin dejar de perder su optimismo: "Hemos conseguido convencer a una generación. Sólo nos quedan otras dos o tres".

LAS MADRES

"**F**UI MADRE por primera vez en 1971, el año en que Richard Nixon declaró la guerra contra las drogas, así que para mí esto es algo muy personal".

Gretchen Burns Bergman es la fundadora de Moms United Against the War on Drugs o Mamás Unidas, una organización que agrupa a asociaciones de mujeres en Estados Unidos y uno de los integrantes más inesperados del movimiento a favor de la legalización del cannabis. Gretchen no es una profesional de la militancia pero, tras sufrir en carne propia las devastadoras consecuencias de la guerra inaugurada por Nixon, decidió actuar.

"¿Por qué un grupo de madres responsables que nunca han probado las drogas quiere legalizar la mariguana? Porque estamos cansadas de la violencia, de las muertes, de la pérdida de libertad y de derechos que ha causado la guerra contra las drogas, que se ha convertido en una guerra contra nuestros seres queridos, una guerra contra nuestras familias. No podemos seguir permitiendo que se castigue algo que debería considerarse como un problema de salud pública. Somos una mayoría silenciosa que ha decidido alzar la voz".

Rubia, delgada, de grandes ojos azules, Gretchen es californiana, nacida y criada en San Diego. Tiene 66 años y dos hijos, Elan, de 42, y Erin de 39, ambos con problemas de adicción a las drogas desde que eran adolescentes. Para Gretchen, la pesadilla empezó en 1991, cuando Elan fue detenido por posesión de mariguana y enviado a la cárcel cuando sólo tenía 20 años. Así empezó una década de reincidencias que cambiaron su vida.

"Nunca habría pensado meterme en esto. Yo tenía una vida normal: había sido profesora de baile, me dedicaba a producir desfiles de moda. Pero consideraba que mi papel más importante era el de madre", sostiene Gretchen.

Aunque no pensó que militaría en favor de la legalización, habla con el mismo discurso y la misma convicción de cualquier otro activista. "A mí no me gusta la mariguana. Nunca la he consumido. Pero creo que por la seguridad de nuestros hijos debemos regularizarla y gravar su venta, como cualquier otro producto, porque en este momento los que están regulando la mariguana son los cárteles de la droga".

En 1999, Gretchen creó A New Path o Un Nuevo Camino, una asociación de familias en pro del tratamiento de la adicción a las drogas. Nadie las incluía en la conversación. La gente, dice, trataba a los adictos como a criminales pese a que tenían un problema de salud.

Con su decisión, Gretchen quiso derribar un muro de silencio.

"Las otras familias no se atrevían a hablar. El estigma que

suponía tener un hijo adicto y sobre todo en prisión era muy grande. Y estaba ocurriendo a todos los niveles de la sociedad. Mis hijos vivían en un buen barrio, con todas las ventajas que conllevaba una vida en los suburbios, pero la adicción no hace distinciones y cruza todas las barreras".

Otras madres, en otras partes del país, habían llegado a la misma conclusión y también habían decidido movilizarse por sus hijos.

Joy Strickland, presidenta de Mothers Against Teen Violence o Madres Contra la Violencia Adolescente, afroamericana, ejecutiva y de buen nivel económico, llegó a la militancia por otra vía, no menos dramática que la de Gretchen.

Su vida cambió una noche de verano de 1993. Su hijo, Chris, había salido esa noche con su amigo Kendrick. Ambos fueron asesinados cuando dos miembros de una pandilla de traficantes de drogas los atacaron para robarles el automóvil. Chris no tenía antecedentes, era un buen estudiante y acababa de entrar en Morehouse College, en Atlanta, una de los mejores universidades de Estados Unidos. Pero esa noche tuvo la mala suerte de estar en el lugar y en el momento equivocados.

"Tuvimos que pasar por dos procesos criminales, porque había dos víctimas y dos acusados. Lo vivimos todo dos veces", recuerda Joy. "En el primer juicio reviví los asesinatos en detalle pero nada tenía sentido. Mi hijo no debía haber muerto, no estaba implicado en ningún incidente, fue todo mala suerte. En aquel entonces estaba llena de ira. Pero sirvió de catalizador para hacer algo positivo y constructivo. No podía permitir que sus vidas se perdieran. Lo que hago es en homenaje a sus vidas y es algo que da sentido a la mía y me motiva".

Al igual que Gretchen, Joy no es ninguna entusiasta de la mariguana: "Nunca he fumado un porro, nunca he tenido uno en la mano. Las mujeres como yo no nos identificamos en absoluto con las drogas, así que éste ha sido un camino peculiar para mí".

Criada en Dallas, Joy, una mujer afable que habla con un acento tejano muy suave, dejó el mundo corporativo para dedicarse a su causa. "Soy el tipo de persona que debe actuar con base en lo que sabe. Era ejecutiva de IBM y me gradué en matemáticas. Me gusta resolver problemas, pero para eso hay que plantear las preguntas adecuadas. Y en esta cuestión existen muchas preguntas erróneas que te pueden llevar por caminos equivocados".

Su misión, dice, es explicar y convencer, sin victimismo, recostada en la narrativa de la superación personal que tanto marca el discurso estadounidense y con la envidiable serenidad de alguien que ha aprendido a vivir con una tragedia personal.

Gretchen y Joy lideran Mamás Unidas, una plataforma creada en 2010 para federar a las asociaciones de madres que han surgido en todo Estados Unidos. "Usamos a propósito la palabra 'mamás' en vez de 'madres' porque tiene mucho más peso emocional y describe muy bien cómo nos vemos", explica Gretchen.

Mujeres como ellas cumplen un papel muy peculiar dentro del movimiento a favor de la legalización del cannabis en Estados Unidos: brindan un rostro y un nombre al drama que viven miles de familias debido a la adicción, la prohibición y la guerra contra las drogas.

Estas madres no creen en los beneficios del consumo de cannabis, no escriben las propuestas de reformas de leyes, no reúnen fondos para impulsar campañas y no crean nuevos negocios ni buscan tajada en el *cannabusiness*. Participan del debate sobre la legalización, pero no son las personas que aparecen con mayor frecuencia en programas televisivos o conferencias o seminarios donde se discute el futuro de la política de drogas. Pero están ahí, y cuentan con el apoyo del movimiento y el respaldo financiero del profeta del cannabis, Ethan Nadelmannn. La razón es sencilla: humanizan la discusión al llevarla desde un mundo abstracto o una estadística a una vida de carne y hueso.

Por eso, para entender el camino que han recorrido estas dos mujeres hasta llegar a defender la legalización y su impacto en el debate en Estados Unidos, es necesario conocer primero algunas de las problemáticas que afectan a las familias cuando uno de sus miembros ha sido acusado o detenido por posesión o consumo de drogas.

En Estados Unidos, las drogas están reguladas a nivel federal por la Ley de Sustancias Controladas, firmada por Richard Nixon en 1970. Esta ley dividió a las drogas en categorías según el efecto provocado por su consumo y su utilidad terapéutica. La ley equiparó al cannabis con la heroína, las metanfetaminas o el LSD, a las que incluyó en la Categoría I, reservada para las sustancias "con un alto potencial de abuso" y sin ningún "uso medicinal".

En 1986, durante el segundo mandato de Ronald Reagan, se aprobó otra norma, la Ley contra el Abuso de Drogas, que impuso penas mínimas para la posesión de drogas. La ley marcó el nacimiento de la llamada "mano dura" al forzar condenas extremadamente severas para crear un efecto disuasorio. Era la época de la "epidemia del *crack*" que golpeó a Estados Unidos entre mediados de los años 80 y principios de los 90. El gobierno decidió aplicar una política de castigo, rígida e inflexible, en la cual los consumidores y adictos fueron tratados como delincuentes.

Estas sentencias son la herencia más visible del andamiaje legal creado durante la era Reagan, una herencia que ha persistido hasta estos días y ha propiciado un aumento sin precedentes en la cantidad de personas que viven en prisión. Para esas personas, lo más duro, sin embargo, viene después, a la salida de prisión. En Estados Unidos, la vida de un convicto se prolonga mucho más allá de su sentencia por la Justicia.

Una persona condenada por un delito grave queda marcada durante años, a veces de por vida, incluso después de haber cumplido con su sentencia. El delito se convierte en una mancha imborrable en su historial criminal, un pasado que vuelve a aparecer una y otra vez en la información profesional, crediticia, legal y electoral de los *felons*, que pasan a convertirse en ciudadanos de segunda categoría.

Una condena por drogas conlleva la pérdida de algunos derechos básicos que son muy difíciles de recuperar, limita las oportunidades de educación y de trabajo, restringe el acceso a becas de estudio, a viviendas de protección social subsidiadas por el Estado y a la ayuda alimentaria que provee el gobierno federal. En algunos estados, implica la pérdida del derecho al voto.

En su libro sobre las encarcelaciones masivas en Estados Unidos, *The New Jim Crow*, un título que hace referencia a las leyes segregacionistas que imperaron en el sur del país, la abogada Michelle Alexander explica que estas sanciones civiles, aunque no se consideran un castigo por los tribunales, dificultan la reinserción de un convicto: "Es una forma colectiva de decirles que no son parte de la sociedad, que no pueden conducir, obtener un empleo, encontrar alojamiento o conseguir ayuda para sus hijos".

Gretchen lo vivió personalmente con su hijo Elan, que luchó —y aún lucha— por reintegrarse a la sociedad, y ahora ayuda a jóvenes con problemas de drogas. A los convictos, dice Gretchen, nunca se les perdona del todo, sus vidas se convierten en una larga sucesión de exclusiones.

"La adicción es a veces más fácil de superar que las consecuencias de tener antecedentes penales", asevera.

Joy y Gretchen no son las primeras madres en convertir su drama personal en una causa. A lo largo de la historia estadounidense reciente las familias han sido poderosos motores de la movilización ciudadana y del cambio social.

El precedente más inmediato es la Prohibición, o Ley Seca, que imperó durante 13 años, entre 1920 y 1933, y bajo la cual floreció el crimen organizado y figuras de la talla de Al Capone o Lucky Luciano. Algunas de sus más fervientes partidarias, a favor y en contra, que contribuyeron primero a aprobar la ley y luego a abrogarla, fueron mujeres. Con el mismo argumento de proteger a la familia, primero del alcoholismo y luego de la violencia, las mujeres supieron canalizar las inquietudes de la sociedad de una época para convertirse en inesperados instrumentos de presión, en Washington y en los estados. Algo muy parecido ocurrió con el movimiento de los padres contra las drogas que se creó durante las dos presidencias de Ronald Reagan. A finales de los 70 y a principios de los 80, los profesionales de clase media de los suburbios se rebelaron contra la cultura *hippie* y su apología de las drogas.

"Las familias temían que sus hijos fueran a convertirse en una generación de zombis", explica Emily Dufton, profesora de la Universidad George Washington y autora de *Parents, Peers and Pot*, un libro que describe este movimiento.

Las familias se movilizaron cuando varios estados decidieron despenalizar la mariguana, entre 1973 y 1978, y empezaron a crear asociaciones de forma espontánea por todo el país. Marsha Schuchard, ama de casa de un barrio acomodado de Atlanta, Georgia, fue pionera al lanzarse a la militancia tras descubrir a su hija de 13 años fumando porros. Escandalizada, fundó Parent's Resource Institute on Drug Education (PRIDE), una organización que se convirtió en el núcleo del movimiento. Estos nuevos "guerreros de los suburbios" cobraron una relevancia inesperada que llevó a una simbiosis entre las inquietudes de estos padres y las intenciones del gobierno: sus reivindicaciones encajaban a la perfección con el mensaje conservador del gobierno republicano. En 1983, ya había más de 4 mil asociaciones. Ese año Nancy Reagan lanzó su famosa campaña *Just Say No* para frenar el consumo de drogas entre los adolescentes, una iniciativa que tuvo un impacto muy profundo en el planteamiento de las políticas de prevención de la Casa Blanca.

El cannabis, que había gozado de un interludio glamoroso en los 70, volvió a convertirse en el enemigo público número uno.

"En muy poco tiempo, la mariguana —la droga más visible y accesible en las zonas residenciales blancas— pasó de ser una forma relativamente inocua de escapismo entre la clase media a transformarse en la sustancia más peligrosa de Estados Unidos, una droga que podía abrir la puerta a drogas más peligrosas y que ponía en riesgo el futuro de todo un país", explica Dufton.

"Padres que no tenían experiencia previa como activistas

se agruparon en torno a un tema muy emotivo. En escuelas, iglesias y comunidades de todo el país transformaron la mariguana en una amenaza", agrega.

El movimiento contribuyó a frenar la incipiente despenalización que impulsó Jimmy Carter y consiguió, sobre todo, llevar la guerra contra las drogas a todos los hogares y convertir algo marginal en una causa muy personal para el estadounidense de a pie.

"Yo también pensaba así", reconoce Joy. "Al principio, cuando empecé a militar, no hablaba de política de drogas, hablaba de padres de niños asesinados que intentaban recomponer sus vidas. Recibí el apoyo de mi comunidad, de la policía; era increíble".

Pero Joy tuvo problemas para mantener ese respaldo cuando su postura fue evolucionando "al ver cómo la guerra contra las drogas perpetraba el modelo de negocio de los traficantes y propiciaba la relación entre violencia adolescente y guerra de pandillas".

Las personas que primero la habían apoyado empezaron a distanciarse. "No los podía criticar —dice Joy— porque yo había pensando lo mismo. También pensaba que la policía era la única forma de mantener a las drogas fuera de mi comunidad".

En 2008, escuchó por la radio al juez James Gray, que durante años ejerció en el condado de Orange, cerca de Los Ángeles. "Denunciaba la prohibición por crear el peor de los mundos, donde los traficantes seguían vendiendo drogas y los adictos estaban en prisión. Esa entrevista cambió totalmente mi percepción del problema", recuerda.

Joy y Gretchen no son las únicas madres que decidieron respaldar la legalización a partir del drama que les tocó vivir.

Otras madres, con otras historias y otras razones, también se han movilizado a favor del cannabis y le han dado fuerza a una militancia que también ha pasado por el drama personal. Son madres que luchan por la salud de sus hijos, muchos de los cuales ni siquiera están aún en la adolescencia.

En Florida, los legisladores no pudieron resistirse a las súplicas de Peyton y Holley Moseley, cuya hija de 11 años, Ray Ann, sufría convulsiones diarias por epilepsia que sólo podía calmar con una variedad específica de cannabis. Un comité legislativo decidió, a principios de 2014, discutir, por primera vez, si permitía o no el uso de esa variedad que ayudaba a los niños que padecían tal enfermedad. Por la misma época, en el capitolio de Madison, la capital de Wisconsin, Sally Schaeffer pidió llorando a los legisladores que cambiaran la ley para salvar a su hija Lidia, de seis años, aquejada del mismo mal. A finales de 2013, el gobernador republicano de Nueva Jersey, Chris Christie, se vio obligado, bajo la presión de la campaña organizada por Brian Wilson a favor de Vivian, su hija de dos años, también víctima de ataques epilépticos, a declararse a favor del uso terapéutico de la mariguana, controlado y vigilado.

El reclamo de estas familias, la presión de los padres para que sus hijos enfermos pudieran acceder a la única droga que les aportaba algo de alivio a sus vidas, contribuyó a profundizar el cambio de imagen del cannabis.

En casi todos estos casos, los padres se referían a una variedad de cannabis llamada Charlotte's Web, rica en cannabidiol (CBD), uno de los compuestos químicos de la planta que tiene propiedades analgésicas y funciona como un anticonvulsivo. La variedad actúa sobre el sistema nervioso sin producir la clásica "volada" asociada al consumo de la droga porque tiene un nivel muy bajo de THC, el principal componente psicoactivo del cannabis. Por eso, el primer nombre que se le dio a esta variedad fue Decepción Hippie.

Charlotte's Web se vende como un aceite, llamado Alepsia, que sólo se encuentra en Denver, Colorado. Los hermanos Stanley, que poseen algunos de los cultivos más importantes del estado, producen esta planta. El nombre, además de ser un cuento para niños popular del poeta estadounidense E. B. White, surgió de una persona, la pequeña Charlotte Figi, de sólo siete años de edad. Charlotte sufría un tipo de epilepsia llamado Síndrome de Dravet y saltó a la fama en el verano boreal de 2013 cuando la cadena CNN reportó que la variedad de los hermanos Stanley había reducido de manera drástica su número de convulsiones, de unas 300 por semana a dos o tres al mes.

La historia de Charlotte's Web tiene muchos de los condimentos que han contribuido al cambio de identidad del cannabis en Estados Unidos. Durante décadas, la hierba estuvo vinculada al crimen, la violencia o a las ambiciones maltrechas de jóvenes perdidos durante horas bajo los efectos psicotrópicos de la hierba. Era una amenaza para el futuro del país. Charlotte's Web ofreció otra imagen: niños sumidos en un sufrimiento constante, atenazados por convulsiones provocadas por la epilepsia, recuperaban de pronto sus vidas gracias al cannabis. Sus padres, antes presos de la angustia, sonreían ante las cámaras de televisión y no dudaban en criticar la prohibición, devenida en un obstáculo para el tratamiento del mal que sufrían sus hijos.

Uno de los periodistas más famosos de Estados Unidos, el doctor Sanjay Gupta, neurocirujano y corresponsal médico de la cadena de noticias CNN, llevó la historia de Charlotte

Figi a los hogares del país en un documental llamado *Weed*. La emisión del documental llegó acompañado de un *mea culpa* de Gupta, quien escribió una columna titulada "Por qué cambié de opinión sobre la hierba".

Unos años antes, en 2009, Gupta había escrito una columna de opinión en la revista *Time* en la que se mostraba en contra de la legalización de la mariguana para su uso recreativo. En esas líneas, afirmaba que "fumar esa cosa" no era bueno para la salud. Gupta, una de las figuras más reconocidas de la televisión, quien dos años más tarde sería elegido por la revista *Forbes* como una de las diez celebridades más influyentes de Estados Unidos, no dudaba en sumarse a quienes comulgaban con una línea dura contra el cannabis.

En 2013, Gupta cambió repentinamente de opinión y pidió disculpas, al afirmar que no había investigado lo suficiente y no había mirado la realidad con la rigurosidad suficiente, ni había prestado atención "al largo coro de pacientes legítimos cuyos síntomas mejoraron con el cannabis".

"Hemos sido sistemáticamente engañados durante casi 70 años en Estados Unidos, y me disculpo por mi propio papel en eso", escribió Gupta.

Rápido de reflejos, un dispensario de Boulder, Colorado, bautizó a una de sus variedades de cannabis Gupta Kush tras el giro del médico, convertido en un súbito defensor de la hierba.

Su documental mostró los avatares de la pequeña Charlotte Figi, atenazada por las convulsiones, entre la vida y la muerte, con visitas frecuentes a la salas de emergencia de los hospitales. Uno de los medicamentos que probó para calmar sus convulsiones casi la mata. Un día su padre descubrió en Internet el *reality show* del dispensario de los hermanos DeAngelo, Harborside, en el que se veía la historia de Jason David. Su hijo también sufría ataques epilépticos y mejoró luego de comenzar a utilizar mariguana. Las últimas imágenes del documental de Gupta mostraban a Charlotte Figi aplaudiendo feliz, montando a caballo o andando en bicicleta.

En 2014, Gupta preparó otro documental, *Cannabis Madness*. El título jugaba con uno de los nombres más famosos en la historia de la mala reputación de la hierba en Estados Unidos: la película propagandística *Reefer Madness*, de 1936, en la que un grupo de jóvenes entra en un estado de frenesí tras fumar mariguana, el cual los lleva a una cadena dramática de eventos en la que se suceden un accidente de automóvil, un intento de violación y un asesinato. Uno de los personajes termina envuelto en un aparente estado de locura, y otro en un juicio por un crimen que no cometió.

Nada de eso se vio en *Cannabis Madness*. El documental de Gupta fue todo lo contrario: mostró los cultivos de los hermanos Stanley, a madres con lágrimas de felicidad por haber recuperado a sus hijos y al sofisticado invernadero de GW Pharmaceuticals, una empresa británica que cultiva una mariguana de alta calidad en un lugar secreto en el Reino Unido. La compañía produce medicamentos elaborados a base de cannabis, entre ellos unas gotas llamadas Sativex que se venden en 11 países, incluido Estados Unidos.

Gupta, un médico que tiene una de las mayores audiencias televisivas en Estados Unidos, ha planteado una sola inquietud en su imprevisto impulso a la legalización: el impacto de la droga en el cerebro de los jóvenes, más susceptibles en sus años de formación a los efectos del consumo de la hierba. Gupta ha dicho que no permitiría que sus hijos fumaran mariguana, como tampoco los dejaría beber alcohol antes de ser adultos.

La historia de Charlotte's Web causó una auténtica conmoción entre el más de millón de estadounidenses que viven con epilepsia extrema. Algunas familias incluso se mudaron a Colorado y se convirtieron en "refugiados de la mariguana" para tratar de salvar a sus hijos. En abril de 2014, había 307 menores de edad inscritos en el registro del programa de mariguana medicinal estatal.

El fenómeno llevó a los hermanos Stanley a crear una organización, llamada Realm of Caring, destinada a facilitar el acceso al aceite que producen para estas familias.

Al frente de esa organización está otra madre, Heather Jackson. Su hijo, Zaki, probó 17 drogas legales diferentes para controlar sus convulsiones durante los primeros nueve años de su vida. Uno de los tratamientos lo transformó en un niño obeso. Nada funcionó, hasta que probó el cannabis de los hermanos Stanley. Sus convulsiones desaparecieron. Heather Jackson apareció en la televisión diciendo que gracias al cannabis por primera vez tenía la oportunidad de conocer a su hijo.

"Nunca pensé que estaría aquí. Soy una persona muy conservadora", afirma Jackson, sobre su nuevo trabajo. "Pensaba que la mariguana mataba células cerebrales, te hacía estúpido y perezoso. Eso no puede estar más alejado de la realidad. Se puede abusar de todo, pero si utilizamos bien la planta, puede ser muy buena medicina".

La Administración de Medicamentos y Alimentos (FDA, por sus siglas en inglés), que controla los medicamentos y alimentos que se consumen en Estados Unidos, no ha dado su visto bueno a Charlotte's Web, y muchos médicos se resisten a recomendarla porque sus efectos a largo plazo todavía son desconocidos. La Sociedad Americana de Epilepsia ha reconocido que existe "evidencia anecdótica" a favor del uso del cannabis para el tratamiento de la condición, pero ha advertido sobre la falta de información sobre el impacto de su consumo por los niños. Nada de esto ha ahuyentado a los "refugiados de la mariguana", decididos a ignorar el veredicto final de la ciencia ante la mejoría diaria que ven en sus hijos.

En Estados Unidos se han hecho pocos estudios sobre los efectos de la mariguana. Al ser una sustancia ilegal, los investigadores no pueden obtener fondos federales, tienen dificultades para acceder a muestras de la planta, financiamiento para su investigación o la aprobación requerida del Instituto Nacional de Abuso de Drogas (NIDA, por sus siglas en inglés). Sólo un laboratorio, en la Universidad de Misisipi, tiene autorización para cultivar cannabis y estudiar su uso medicinal.

Ser una madre a favor de la mariguana no siempre ha sido fácil.

"El nivel de estigmatización es muy profundo y a veces se expresa de forma inesperada", dice Gretchen. "Pienso en mi madre por ejemplo. Era una señora un poco antigua que sólo creía lo que leía. Así que empecé a escribir artículos. Tardó mucho en entender que su nieto tenía un problema porque al principio lo rechazó, sólo pensaba que era un chico malo".

Muchos amigos siguen sin entender la militancia de Gretchen.

"No lo ven bien. Me vienen con prejuicios y me dicen que mis hijos tenían que haber hecho deporte y actividades. Mis hijos hacían de todo y sin embargo cayeron en el pozo de la droga. Estos comentarios también son una forma de criticarme como madre. Piensan que es culpa mía, que tuve que hacer algo mal. Y por eso es importante hablar. Al principio muchos no creían lo que estaba diciendo, pero otros lo recibieron como un soplo de aire fresco y a su vez empezaron a hablar de sus hijos o de sus sobrinos, y a contar sus historias".

Aun así, muchas familias siguen encerradas en muros de silencio. "También conozco a madres que no hablan porque no quieren que sus problemas salgan del núcleo privado, del secreto. Yo tuve mucha suerte, mis dos hijos están a favor de que hable. Al principio era un poco complicado ¿Cuándo empieza mi historia y deja de ser la de ellos? Les pedí permiso para hablar públicamente y me animaron a hacerlo. Ahora me acompañan de vez en vez en mis conferencias".

Cuando se reúne con otras madres, Gretchen siempre debe responder a la misma pregunta: ¿la legalización no aumentará el consumo de mariguana entre los adolescentes?

"Miremos lo que están consumiendo nuestros hijos y eduquémoslos, sobre todo en ese momento tan crucial que es la adolescencia, cuando empiezan a interactuar con la sociedad y ubicarse en la vida. Es mejor evitar que consuman drogas y nosotras no abogamos en absoluto por que lo hagan, pero si preguntas a cualquier alumno de escuela secundaria qué les resulta más fácil conseguir, tabaco, que está regulado y al que en principio no tienen acceso, o mariguana, que no está regulada, te dirán que mariguana. Así que creo que es un gran argumento a favor de la regularización".

Según el NIDA, más del 12 por ciento de los niños de 13 años y 36 por ciento de los adolescentes de 18 años fumaron mariguana en 2012. Estos niveles se han mantenido constantes en los últimos cuatro años. La mayoría no la considera una droga peligrosa.

Joy ofrece una respuesta similar: no tiene sentido perpetuar la misma solución a un problema que no se resuelve.

"Tiene mucho que ver con la ignorancia. Yo misma no sabía nada sobre la política de drogas. Intento hacer entender a las personas con las que hablo de la relación entre la prohibición del alcohol en los 20 y 30 y la ola de crimen que generó, y lo que está pasando ahora. Está claro que la guerra contra las drogas no evita que las drogas caigan en manos de los niños ni elimina la violencia. ¿Por qué no hemos ganado ya? ¿Cuál es la estrategia de salida? Es lo que intento explicar".

Joy dice que las personas más difíciles de convencer son las madres como ella. "Somos las que más nos oponemos a cualquier cambio en la guerra contra las drogas, somos muy conservadoras porque lo consideramos como una cuestión moral".

Joy celebra reuniones en Dallas, abiertas al público, para que la gente pueda hablar sin temor. En ellas, intenta hacerles entender que todos los problemas están relacionados, y que el narcotráfico puede afectar sus vidas. Su próxima meta es acercarse a las organizaciones religiosas, que en Texas —como en otras partes de Estados Unidos— tienen un gran poder de convocatoria, cumplen un papel social y sirven de punto de encuentro en las grandes zonas suburbanas.

"La gente me escucha porque no soy una persona que ha guardado ira por lo que le ha pasado. He curado mis heridas. Por eso puedo hablar de las cosas que creo que hay que cambiar y no se trata de juzgar a otras personas, sino de ayudarlas a que cambien su visión del problema".

También prosigue su labor con los legisladores, y estuvo muy cerca de convencerlos de aprobar un proyecto de ley de

reparto de jeringuillas para prevenir el contagio de enfermedades entre adictos.

"Sorprendentemente, no fue difícil convencer a los diputados, incluso los del Tea Party". La propuesta perdió tan sólo
por un voto. De hecho la opinión pública está cambiando: en
Texas, un estado que lleva más de 20 años eligiendo a gobernadores republicanos, el 58 por ciento de la población está
ahora a favor de la legalización.

Joy tiene otro hijo, casado, que vive en Laguna Beach,
California, y al que visita con frecuencia. "Recuerdo haberle
dicho que se alejara totalmente de las drogas, y que si estaba experimentando yo iría a recogerlo donde fuera, a cualquier hora. Ahora que he aprendido sobre la mariguana, le
diría que preferiría que fumara en casa, sin los niños, claro,
pero que usara eso en vez de cualquier otra cosa. Porque es
la droga más segura. Y mi hijo se queda de piedra y me dice
que no lo puede creer".

Joy esboza un carcajada: "Piensa que soy una madre
muy *cool*".

EL POLICÍA

A Neill Franklin le cansa que le mencionen *The Wire*, la serie policiaca de culto de la cadena HBO que durante seis años convirtió a Baltimore en el símbolo del fracaso de las grandes ciudades en su intento por controlar la violencia y la corrupción de sus calles. Quizá porque Franklin conoce la realidad de primera mano: Baltimore es su ciudad natal y ahí trabajó durante 33 años como agente antinarcóticos.

"Cuando la vi por primera vez, me puse furioso. Ahí estaba otra serie sobre los horrores de Baltimore. Ya nos habían tocado otras dos, *Homicide* y *The Corner*, sobre la heroína, y ahora esto".

Franklin no tuvo más remedio que resignarse cuando la serie se convirtió en un referente para miles de seguidores en todo el mundo y, sobre todo, para los estudiosos del crimen.

"Luego me dije que podía ser un instrumento. Me invitaban a hablar en Harvard, donde muchos profesores usaban *The Wire* para enseñar la correlación entre las distintas problemáticas urbanas, drogas, corrupción, salud, educación, todos los temas que mayoritariamente afectan a los habitantes más vulnerables y marginados".

Pero en vez de ahondar en la narrativa de la irreversible decadencia de las ciudades de Estados Unidos, Franklin decidió usar la popularidad de la serie, que menciona a menudo en sus intervenciones, para hablar del tema que se ha convertido en su principal ocupación: impulsar la legalización de las drogas.

"Yo estaba a favor de la prohibición, así me habían entrenado", cuenta Franklin. "Incluso después de haber crecido en Baltimore y ver lo que estaba pasando, nos enseñaban que, si éramos lo bastante duros y si metíamos en prisión a todos los que estaban involucrados [en las drogas], eventualmente desaparecería o se reduciría a un nivel controlable. Por supuesto, en aquella época yo no tenía ni idea… No puedes decirle a alguien que deje de consumir y esperar que no consuma. Si hay gente dispuesta a comprar, si hay gente que no tiene empleo, siempre habrá un mercado ilícito de drogas. Yo veía que cuando llevaba a cabo esas detenciones —arrestábamos tanto a los traficantes como a los consumidores—, todo se calmaba, pero después de unas semanas todo volvía a ser como antes".

Neill Franklin, un afroamericano de 55 años, corpulento, que no aparenta su edad, es el director ejecutivo de Law Enforcement Against Prohibition (LEAP), o Fuerzas de Seguridad en Contra de la Prohibición, una asociación fundada en 2002 que reúne a más de 35 mil miembros de las fuerzas de seguridad y del sistema judicial estadounidense: antiguos policías, agentes federales, fiscales y jueces que denuncian el fracaso de la guerra contra las drogas.

LEAP se ha convertido en una pieza esencial del movimiento a favor de la legalización porque agrupa a quienes han estado en la primera línea de la lucha contra el narcotráfico y han sido testigos y actores del cumplimiento de leyes que ahora denuncian como abusivas, injustas y, sobre todo, ineficaces.

Franklin ingresó en la Policía Estatal de Maryland en 1976, poco después de graduarse del Instituto Politécnico de Baltimore, cinco años después de que Richard Nixon declarara la guerra contra las drogas. Durante un tiempo, pensó en hacerse piloto e hizo todos los trámites hasta llegar al momento de la firma, pero la Fuerza Aérea lo obligaba a quedarse cuatro años por contrato, algo que no le entusiasmaba.

En la Policía de Maryland, Franklin ascendió poco a poco hasta que se convirtió en agente encubierto especializado en la sección de narcóticos. Ahí se quedó 22 años, al cabo de los cuales empezó a trabajar para la ciudad de Baltimore y conoció a su muy atípico alcalde Kurt Schmoke, uno de los primeros en denunciar la ineficacia de la guerra contra las drogas.

"Por primera vez empecé a cuestionar lo que había aprendido", recuerda.

Las dudas que Franklin comenzó a albergar a lo largo de su carrera sobre las medidas que había dedicado su vida a defender culminaron poco después de su jubilación, en la noche del 30 de octubre de 2000, la noche en la que Edward Toatley fue asesinado.

Toatley era un agente antinarcóticos de la Policía de Maryland. "Uno de los agentes más eficaces —rememora Franklin—, todos querían trabajar con él. Siempre estaba infiltrado. De hecho, la única vez que lo vi en uniforme fue en su ataúd". Franklin lo había conocido en los años 80. La noche en que murió, Toatley participaba en una operación del FBI. "Estaba comprando cocaína a un traficante, iba a cerrar el trato y detenerlo. Pero ese tipo decidió que quería quedarse con la droga y con el dinero".

El coche de Toatley tenía cámaras de seguridad escondidas que luego ayudaron a reconstruir los hechos. Toatley se llevó al traficante, que se llamaba Kofi Orleans-Lindsay, en su Toyota. Todo iba según lo acordado, pero cuando Orleans-Linsay fue buscar la mercancía, volvió con una pistola semiautomática y disparó al policía en la cabeza.

La pérdida de su amigo llevó a Franklin a un periodo de introspección personal.

"Estaba buscando respuestas, y vi la página web de LEAP, que era relativamente nueva por aquella época", relata. Empezó a trabajar para ellos en 2008.

Ahora, además de hablar de su amigo Toatley, también menciona en sus intervenciones a la familia Dawson: Angela y sus hijos Lawanda, Juan, Kevin, Keith y Carnell, que murieron en el incendio de su casa de Baltimore, el 3 de octubre de 2002, "cuando el traficante de drogas del barrio le prendió fuego, temprano por la mañana, porque sabía que Angela colaboraba con la policía para echarlo de su territorio".

Cada miembro de LEAP tiene una historia.

"Cuando empecé en la Policía Estatal de Nueva Jersey en 1964 teníamos mil 700 agentes y siete antinarcóticos", recuerda el teniente Jack Cole, uno de los miembros fundadores de LEAP. "De la noche a la mañana, como resultado de las leyes del gobierno de Nixon, pasamos de siete a 76 personas. Usaron agentes infiltrados como yo y nos mandaron a las universidades. Ahí nos hacíamos amigos. Y un viernes por la noche preguntábamos: '¿Alguien quiere colocarse?' Ésa era nuestra tarea. Bastaba con que una persona me pasara un porro para que se convirtieran en traficantes. Y podía acabar en la cárcel por siete años. Miles de jóvenes fueron arrestados de esta manera. Yo lo hice y no me enorgullezco de aquello".

Cole añade: "Cuando la guerra contra las drogas empezó en 1970, el 1.3 por ciento de los estadounidenses eran adictos. El gobierno dijo que era algo intolerable. Cuarenta años más tarde, miles de millones de dólares gastados y miles de vidas perdidas, 1.3 por ciento de la población sigue adicta a las drogas".

Diane Goldstein, una antigua agente de policía del condado de Orange, cerca de Los Ángeles, dice que a puerta cerrada los hombres y mujeres de la ley admiten que la guerra contra las drogas no funciona. En sus 22 años de carrera, asegura no haber conocido "a ningún colega que pensara que había que aplicar las leyes contra la mariguana".

Si realmente no se han hecho progresos, ¿por qué se siguen aplicando las mismas políticas? "Hay muchas razones", dice Franklin. "Pero la principal es el dinero. El hecho de que la policía reciba dinero federal para realizar arrestos por mariguana. No recibimos dinero para combatir el crimen o encerrar a violadores o pedófilos. Pero si estás fumando un porro nos dan dinero para ponerte en la cárcel".

El sistema de incentivos al que se refiere Franklin empezó en los años 80, bajo la tutela de Ronald Reagan.

La mariguana fue uno de los elementos claves en esta nueva ofensiva. El gobierno utilizó la mala reputación de la droga entre el electorado republicano para justificar los profundos cambios que imprimiría en el sistema judicial, policial y penal. Apeló al miedo: si las drogas —entre ellas, el cannabis, una "puerta de entrada" a drogas duras, símbolo de la contracultura *hippie*— amenazaban al país, y sobre todo a la juventud estadounidense, era necesario lanzar una guerra sin cuartel.

Antes hubo que convencer a los estados de que se sumaran a esta nueva política. El narcotráfico no figuraba entre las prioridades de las comunidades locales, subraya la abogada Michelle Alexander en su libro *The New Jim Crow* sobre las encarcelaciones masivas en Estados Unidos y su impacto sobre las minorías raciales.

La intrusión de la Casa Blanca y la escalada federal en la lucha contra la drogas "fue recibida con cierto recelo y confusión por las fuerzas de seguridad y los comentaristas conservadores" porque invadía el derecho de los estados a organizar sus asuntos y decidir cómo asignaban sus fondos. Su participación los obligaba "a desviar recursos de crímenes más graves, como asesinatos, violaciones o asaltos, que preocupaban mucho más a las fuerzas de seguridad locales".

Esto creó un dilema para el gobierno federal. "Para que la nueva guerra pudiera funcionar, era necesario crear un consenso entre las fuerzas locales, estatales y federales a fin de que la lucha contra las drogas fuera una prioridad", evalúa Alexander.

La solución fue relativamente simple y extremadamente eficaz: inyecciones masivas de dinero.

Las agencias que se sumaran al programa del gobierno federal recibirían importantes subvenciones. A partir de 1988, el Edward Byrne Memorial State and Local Law Enforcement Assistance Program, llamado así en honor de un agente de policía de Nueva York tiroteado mientras vigilaba la casa de un testigo antidrogas, se encargó de canalizar estos nuevos fondos federales.

Se ofrecieron millones de dólares a las agencias locales dispuestas a participar en la guerra, al margen de que tuvieran que lidiar con crímenes relacionados con el consumo o tráfico de drogas.

"Las agencias fueron premiadas por llevar a cabo muchas detenciones, incluso por delitos menores de drogas, para justificar millones de dólares en financiación", denuncia Alexander. Las cifras, más que los adictos o los delincuentes, se convirtieron en una prioridad.

Ya que la guerra contra las drogas se había transformado en una guerra financiada a fondo por el gobierno federal, todas las grandes ciudades quisieron dotarse de fuerzas especiales antinarcóticos que a su vez, si generaban más arrestos, podían garantizar mayores subvenciones.

"Las políticas federales permitieron a pequeños departamentos de policía pedir material militar al Pentágono. Muchos decidieron crear sus propios equipos SWAT [Special Weapons and Tactics] que a su vez se usaron en casos de delitos de drogas, los únicos que generaban dinero", asegura un informe del Instituto Cato, un centro de estudios libertario, titulado "El aumento de las redadas paramilitares en Estados Unidos".

El acceso a equipo militar ya había empezado en 1981, gracias a una ley aprobada para fomentar la colaboración federal con las agencias de seguridad que animaba al Pentágono a proveer asistencia a las fuerzas de los departamentos de policía, una política que tanto George H. Bush como Bill Clinton alentaron durante sus presidencias.

Esta política llevó a que el número de intervenciones policiales aumentara de 3 mil, a principios de los 80, a casi 40 mil en 2001. Las redadas no se limitaron sólo a los sospechosos. En noviembre de 2003, por ejemplo, agentes de SWAT de la pequeña ciudad de Goose Greek, en Carolina del Sur, tomaron por asalto una de las escuelas secundarias porque el director sospechaba que uno de sus alumnos fumaba mariguana. Las cámaras de seguridad mostraron a los agentes con chalecos antibalas, cascos y armas especiales mientras apuntaban y esposaban a los alumnos. No se encontraron drogas y nunca se presentaron cargos.

El otro gran incentivo del gobierno de Reagan para animar a las policías locales a centrar sus esfuerzos en la lucha antidroga fueron las incautaciones, una medida que, paradójicamente, permitió a las fuerzas de seguridad sacar provecho del negocio del narcotráfico a través de los ingresos millonarios de los decomisos, los bienes confiscados a los traficantes.

La política de incautaciones nació en 1970, cuando el Congreso aprobó una ley que permitía al gobierno quedarse con lo que requisaba en las redadas antidrogas. A sabiendas de que los narcos detenidos serían sustituidos por otros narcos, el objetivo era, al menos, intentar detener la producción al apropiarse de los bienes de los delincuentes.

Reagan profundizó esa estrategia con una enmienda, en 1984, que introdujo un cambio fundamental al permitir a las fuerzas de seguridad locales quedarse con el 80 por ciento de esos bienes. Los departamentos de policía de pronto vieron la posibilidad de aumentar sus presupuestos al apoderarse de dinero, casas, coches y propiedades de los acusados, o incluso de meros sospechosos de usar o vender drogas.

El resultado fue un negocio extremadamente lucrativo que generó todo tipo de abusos. Uno de los casos más sonados fue el de Donald Scott, un millonario californiano que murió tiroteado en octubre de 1992 en su casa de Malibú, durante una redada de la DEA y del departamento del *sheriff* de Los Ángeles, que buscaban miles de plantas de mariguana supuestamente ocultas en el rancho de dos acres. Nunca las encontraron.

Su viuda denunció a las autoridades ante los tribunales y, en el año 2000, recibió una indemnización de 5 millones de dólares. Ese mismo año, el Congreso enmendó la ley de decomisos para tratar de limitar la arbitrariedad de las redadas y ayudar a los propietarios declarados inocentes a recuperar sus propiedades, una reforma que tuvo un impacto mínimo sobre el volumen total de las incautaciones.

Algunos policías, pocos, intentaron denunciar los abusos, pero hablar de lo que pasaba podía conllevar represalias de sus superiores. Los soplones, o *whistleblowers*, como se les llama en Estados Unidos, fueron expulsados de las fuerzas o relegados a puestos menores.

Franklin reconoce que denunciar este tipo de abusos o el fracaso de la guerra contra las drogas implica un riesgo. Al estar jubilado, ha eludido pagar un precio: "El riesgo para mí es distinto del de uno de los miembros de nuestro consejo directivo, David Bratzer, que sigue siendo policía en Vancouver, Canadá. Su trabajo está en peligro. No creo que lo vaya a perder, pero sí corre un riesgo en lo que se refiere a sus oportunidades de hacer carrera. El riesgo para su familia es soportar más estrés debido a la situación".

Franklin también ha asumido las consecuencias de su militancia, aunque se lo ha tomado con estoicismo.

"Para mí el riesgo es limitado porque no le doy importancia a las cosas materiales. Lo que valoro es mi salud, mi familia, las amistades que tengo. ¿Se ha visto afectada mi salud? Quizá un poco porque viajo mucho y duermo poco. Pero lo puedo aguantar. Pero ni mi familia ni mis amigos han sido afectados. Soy muy selectivo con mis amistades. Mis amigos apoyan lo que hago. Tengo suerte".

La ofensiva contra las drogas fue la causa principal de un crecimiento sin precedentes de la población carcelaria, que se debió, en gran parte, a un cúmulo de leyes que institucionalizaron la política de "mano dura" en Estados Unidos.

Las primeras piezas de este andamiaje fueron las llamadas *truth in sentencing laws*, aplicadas a partir de 1984, que limitaron el acceso de los prisioneros a la libertad condicional y obligaron a los condenados a cumplir, en algunos estados, al menos el 85 por ciento de sus condenas. A esa medida le siguieron las leyes que impusieron sentencias mínimas, o *mandatory minimums*, condenas que los jueces se vieron forzados a aplicar en todos los casos de droga, sin excepciones ni miramientos, aprobadas por el gobierno de Ronald Reagan, en 1986, para crear un efecto disuasorio. Última piedra del edificio penitenciario: las leyes para los casos de reincidencia, o *three strike laws*, que impusieron sentencias especialmente duras para las personas que volvían a cometer un crimen luego de haber recibido una condena en la Justicia, aun cuando se tratara de delitos menores. Los estados de Washington, en 1993, y California, en 1994, fueron los primeros en aprobarlas. Luego se extendieron a todo el país. En Luisiana, por ejemplo, el primer arresto por posesión menor de mariguana conlleva una pena de seis meses de prisión; el segundo, hasta cinco años; y el tercero, hasta 20 años o cadena perpetua.

La estructura de incentivos y de represión policial creada

en los 80 sigue en pie, y ha propiciado un círculo vicioso que tiene mucho que perder con la despenalización o la legalización de la mariguana.

La mariguana ha sido un elemento clave para cimentar el sistema por la cantidad de arrestos que genera. En 2012, del millón 552 mil 432 arrestos por drogas que concretaron las agencias de seguridad, cerca de la mitad, el 48.3 por ciento, involucraron a la hierba, casi 750 mil detenciones, según el Informe Anual del Crimen del FBI. (El 88 por ciento de esos arrestos fue por posesión, que puede incluir posesión con intención de distribuir.)

Las minorías han sido el blanco principal de los arrestos. Los afroamericanos tienen 3.7 más posibilidades de ser detenidos por posesión de mariguana que los blancos, a pesar de que en ambos grupos demográficos la droga se consume en proporciones similares, según recopiló la ACLU. Lo mismo ocurre con los hispanos.

"El dinero se basa en el número de detenciones, entre otros datos. Cuantas más detenciones, más subvenciones. Y un 50 por ciento de las detenciones por drogas son por mariguana. Ninguna droga podrá sustituir el vacío dejado por las detenciones por mariguana. Es la más sencilla de detectar y se consume más que cualquier otra sustancia ilegal", afirma Sabrina Fendrick, una de las directoras de NORML.

La evolución de la guerra contra las drogas ha dado lugar a una "coerción fiscal federal", en palabras de Diane Goldstein, que lo ha visto de cerca en sus más de dos décadas de labor policiaca. El gobierno sólo otorga subvenciones para reforzar las leyes contra la droga.

"La corrupción es sistémica porque el sistema ha olvidado para qué se creó en un principio", fustiga.

Los decomisos, otra de las piezas del andamiaje represor, siguen siendo una fuente de ingresos considerable que las fuerzas de seguridad no quieren perder. Las preocupaciones policiales quedaron plasmadas en un artículo del muy conservador *The Wall Street Journal* que las justificaba con una cifra: los decomisos habían sumado 6 mil 500 millones de dólares entre 2002 y 2012, de los cuales mil millones procedían de la venta de bienes confiscados en casos de mariguana.

Aunque estos ingresos representen una pequeña parte de los presupuestos totales de las fuerzas de seguridad locales, son la única fuente de financiación de los equipos antidroga. Sin incautaciones, las fuerzas especiales que crecieron exponencialmente en los últimos 20 años deben adaptarse ahora y, de hecho, muchos han empezado a centrar su atención en el aumento del tráfico de heroína.

El andamiaje legal de la guerra contra las drogas ha generado un enorme costo humano y económico. En 1980, las cárceles del país albergaban a 500 mil reclusos. En 2012, ya había más de 2.3 millones de personas tras las rejas, el 25 por ciento de la población carcelaria mundial y más que cualquier otro país. El gobierno federal y los estados gastan, por año, 83 mil millones de dólares anuales para sostener el sistema de prisiones. Uno de cada cuatro dólares del presupuesto del Departamento de Justicia se destina a las prisiones federales.

La mariguana genera muchos arrestos, pero pocos prisioneros. De las 500 mil personas tras las rejas por violar una ley de drogas, menos del 10 por ciento tienen una condena que involucra sólo al cannabis. Las drogas duras han sido las principales responsables del encarcelamiento masivo, pero el cannabis ha sido una de las piedras fundacionales del sistema y el movimiento a favor de la legalización ha hecho especial hincapié en el problema para impulsar su causa.

Las encarcelaciones masivas han generado, además, un negocio inesperado: el 6 por ciento de los reos estatales y el 16 por ciento de los federales están en cárceles privadas, un conglomerado corporativo joven que también tiene mucho que perder con el avance de la legalización.

Las prisiones privadas apenas existían a principios de los 80. En 1983, tres empresarios fundaron Corrections Corporations of America (CCA), ícono de la industria moderna de cárceles privadas. Los líderes del negocio vieron la posibilidad de ganar dinero convirtiendo a los reos en productos, alegando una mejor gestión de los gastos y la creación de numerosos empleos, esencialmente en zonas desfavorecidas o aisladas de los estados del sur y del oeste.

En 2013, los dos líderes del sector, CCA y el grupo GEO, consiguieron, entre ambos, ganancias por 416 millones de dólares.

Para estas corporaciones se trata de un negocio redondo: a cambio de traer actividad a las economías locales, las cárceles privadas tienen generalmente cláusulas de ocupación según las cuales los estados se comprometen a garantizar un mínimo de presos o, si no pueden proveer el número necesario, a indemnizarlas.

Estas empresas han desplegado un poderoso *lobby* a favor del *statu quo*. En la última década, se calcula que han invertido al menos 45 millones de dólares en donaciones a campañas y actividades para presionar a las autoridades a nivel federal y estatal. Todo por intentar mantener las cosas como están.

En 2010, en su informe anual a la bolsa, la CCA advertía: "La demanda de nuestras facilidades y servicios podría verse afectada por la relajación de la aplicación de las leyes, la mayor indulgencia a la hora de fijar penas de cárcel o la despenalización de ciertas actividades. Por ejemplo, cualquier cambio en la legislación de las drogas, o inmigración ilegal, podría afectar al número de detenidos, condenados y sentenciados, que podría potencialmente reducir la demanda de instalaciones penitenciarias".

El gobierno de Barack Obama ha tratado de frenar la dinámica del gigantesco aparato represor generado por la lucha antidroga.

A principios de 2014, el procurador general, Eric Holder, ordenó a los fiscales federales dejar de buscar la aplicación de las sentencias mínimas fijadas por ley para los delitos de drogas menores. Fue una tímida mejora, pero fue la primera decisión del gobierno federal para revertir el fenómeno del encarcelamiento masivo.

Pero el lastre del pasado permanece. Lo más preocupante de la situación creada en los 80, dice Diane Goldstein, es que el endurecimiento de las leyes ha alterado la relación entre la policía y los ciudadanos: "La mayoría de los que se meten a policía lo hacen porque quieren servir a sus comunidades. Para que sean mejores, para ayudar a los más necesitados. Pero la guerra contra las drogas ha corrompido esta relación. Debemos ser agentes de la paz".

La militarización, afirma el informe del Instituto Cato, ha cambiado la misión original de la policía. "El trabajo de los militares es dominar y destruir al enemigo. Aunque los soldados hagan lo posible por evitarlo, se aceptan los daños colaterales. La policía, por el contrario, debe proteger los derechos de los individuos que viven en las comunidades a las que sirven". Una incompatibilidad de objetivos que Jack Cole subrayó al decir que las redadas de los SWAT causaban "demasiados errores".

A LEAP le espera una ardua tarea, reconoce Goldstein. Equipara su labor a la de los veteranos de Vietnam en los años 70, cuando empezaron a manifestarse en contra de la guerra.

"Lo mismo pasa con nosotros. Somos profesionales que cubren cada aspecto del sistema de justicia criminal y todos, a través de nuestras experiencias personales, queremos acabar con esto porque sabemos que el sistema ha fracasado", dice Goldstein.

En California, el mayor productor y consumidor de Estados Unidos, donde Goldstein trabajó y vive, hubo asociaciones policiales que desplegaron un intenso esfuerzo de *lobby* para llevar al fracaso al referendo de 2010 que buscó la legalización total del cannabis. Tuvieron éxito. Dos poderosas agrupaciones del país, la Asociación Internacional de Jefes de Policía (IACP, por sus siglas en inglés) y la Asociación Nacional de Sheriffs, mantienen una postura dura respecto de los proyectos de reforma. Ambas aún abogan por un "futuro libre de drogas" y afirman que los defensores de la legalización brindan promesas irreales y declaraciones engañosas. Esa insistencia, ese rechazo a los intentos de reforma, es por poder y dinero, denuncian en el movimiento.

"Es muy dañino, es corrupción sistemática", afirma Goldstein.

Neill Franklin sabe lo difícil que va a resultar cambiar las mentalidades de sus antiguos compañeros. "Los hombres y mujeres que trabajan en la calle o están ya convencidos, o es fácil convencerlos. Pero a medida que subes en la jerarquía se convierte en algo político. Incluso los que piensan que esta política ha fracasado no van a decir nada porque no quieren arriesgar su posición de jefe, sobre todo si aspiras a subir en el escalafón".

Los policías "viven en una sociedad muy cerrada", describe Franklin. "Cuando eres un policía trabajas con policías, en jornadas muy duras, pasas tiempo libre con policías, barbacoas con policías, partidos de beisbol, fiestas de niños. Son testigos de sus bodas, se casan con policías, pocos tienen amigos fuera de esta esfera, lo que crea esta mentalidad de grupo. Hablas a solas con un poli después de unos minutos, porque son personas, y puedes tener una conversación normal y estarán de acuerdo contigo, pero cuando están juntos es imposible hablar de este tema. Así que hay que ir convenciéndolos uno por uno".

Antes de que Franklin colgara su traje de policía, un político de Texas, distinto a todos sus colegas, había comenzado a atacar la guerra contra las drogas.

EL LIBERTARIO

Ron Paul tiene 79 años y los modales afables de un médico de provincias. Es un hombre cortés, apacible, sonriente y, ante todo, un iconoclasta.

A lo largo de su larga carrera política, en el mismo tono tranquilo y educado, ha pedido acabar con la Reserva Federal, la CIA y el FBI, ha fustigado el aumento de la deuda pública de Estados Unidos, criticado la guerra de Irak, cargado contra los subsidios a la industria petrolera y defendido a las víctimas del huracán *Katrina*. También ha exigido que Estados Unidos se retire de la ONU y de la OTAN.

"Puedo decir con toda honestidad que nunca he probado la mariguana y que nunca he visto a nadie usar mariguana. No es mi cultura. Creo que una vez la olí porque estaba en un coche —recuerda— y había ese olor horrible, pero ni siquiera estoy seguro de que fuera mariguana".

A Ron Paul se le puede acusar de muchas cosas, pero no

de ser deshonesto. Es, sin duda, uno de los políticos más consistentes que ha ofrecido el panorama político de Estados Unidos en las últimas décadas. Antiguo congresista por Texas, Ron Paul dice lo mismo desde hace más de 40 años. Uno de sus mensajes ha sido terminar la guerra contra las drogas.

Sus puntos de vista siempre han sido muy controvertidos, aun entre sus antiguos colegas del partido republicano. Pero su originalidad y coherencia le han asegurado el apoyo cuasiincondicional de un número considerable y diverso de seguidores, suficientes para respaldar tres candidaturas a la presidencia de Estados Unidos. Edward Snowden, el técnico informático entrenado como espía que realizó una de las mayores filtraciones de información secreta de la historia y destapó el escándalo del espionaje de la Agencia de Seguridad Nacional (NSA, por sus siglas en inglés), ha dicho ser uno de sus admiradores.

Paul se retiró de la vida política activa en 2012, después de su tercera campaña presidencial. En su discurso de despedida, atacó "la hipocresía del Congreso", al que criticó por respaldar el alcohol y, a la vez, dejar intactas leyes que ponen a la gente en prisión porque ha fumado mariguana.

Aunque siempre supo que no llegaría a la Casa Blanca, sus campañas le sirvieron de plataforma para dar a conocer sus ideas por todo el país, sobre todo entre un público inesperado: los jóvenes. Pese a su retiro, sigue muy activo. Da conferencias por todo Estados Unidos, principalmente en universidades. Tiene un centro de análisis, el Ron Paul Institute for Peace and Prosperity, en Springfield, Virginia, y un canal de televisión por Internet, el Ron Paul Channel.

Para Ron Paul, el debate sobre el cannabis no es una polémica sobre drogas.

"La gente piensa que estoy a favor de las drogas. Para mí

es un tema de libertad —sostiene—. La gente tiene la obligación de tomar sus propias decisiones y no creo que el gobierno tenga nada que decir sobre la vida de los individuos o sus estilos de vida. El tema de la libertad es amplio y no sólo se refiere a las drogas, lo abarca todo, siempre y cuando no perjudique a los demás. Porque no creo que el gobierno pueda protegernos de nosotros mismos".

Ginecólogo de profesión, nieto de emigrantes alemanes, representó durante 26 años —en tres etapas distintas— el distrito de Texas que cubre parte de la costa del Golfo de México, cerca de Houston. En el Capitolio se ganó el apodo de *Dr. No*, porque siempre votaba en contra de cualquier iniciativa que se alejara de la Constitución. Se negó incluso a otorgar la medalla de oro del Congreso a Ronald Reagan, Rosa Parks —un ícono del movimiento por los derechos civiles estadounidenses— y al papa Juan Pablo II, porque consideraba que estas recompensas eran inconstitucionales y demasiado onerosas para el contribuyente estadounidense.

Ron Paul es un líder libertario, una facción peculiar del movimiento conservador de Estados Unidos —o neoliberal, en el espectro ideológico de América Latina—, que defiende las libertades del individuo frente a la injerencia del gobierno federal y aboga por el derecho de los estados a diseñar sus propias leyes, aun cuando vayan en contra de las leyes federales.

El movimiento surgió en protesta por la creciente presencia del Estado en los asuntos del país, instaurada a partir del New Deal, el paquete de medidas que el presidente demócrata Franklin Delano Roosevelt implementó durante la década del 30 para sacar al país de la Gran Depresión y que, luego, se cimentó con los programas sociales de la Great Society de Lyndon Johnson. Se creó oficialmente en 1971, pero hizo su primera aparición en la escena política estadounidense unos años antes, con la candidatura del ultraconservador Barry Goldwater en las elecciones presidenciales de 1964.

El libertarianismo es un movimiento heterogéneo de fronteras porosas, alrededor del cual gravitan distintos grupos, entre ellos, el ultraconservador Tea Party, que ha reanimado la feroz oposición a cualquier intento del gobierno federal por intervenir en la vida de las personas. Todos comparten los mismos principios: la afirmación de la libertad, el individualismo, el libre mercado y el "antiestatismo". Los libertarios creen en una ética basada en la responsabilidad individual, y suelen ser pacifistas, pues defienden el principio de "no agresión". Todos estos principios brindan argumentos para rechazar la guerra contra las drogas. A finales de 2013, un 22 por ciento de los estadounidenses se consideraban simpatizantes de las ideas libertarias.

La relevancia de Ron Paul en el debate sobre la legalización del cannabis se debe a su particular posición en el Partido Republicano. Es una figura respetada y, a la vez, controvertida. Sus ideas siempre fueron un tanto radicales para el paladar conservador. Desde esa rebeldía política, Ron Paul ha ofrecido un camino alternativo para llegar a los republicanos, justamente, quienes más se oponen al cannabis. A principios de 2014, sólo el 39 por ciento respaldaba la legalización.

No es la única razón de su influencia. Ron Paul ha luchado contra la legislación antidrogas desde los tiempos de Ronald Reagan, una postura que nadie en el partido republicano se atrevía a mantener por aquella época. Además, ilustra la escuela de pensamiento de un sector de la derecha estadounidense que por décadas ha denunciado el fracaso de la guerra contra las drogas, un sector representado por figuras como el nobel de economía y padre de la escuela de Chicago, Milton Friedman, o el intelectual conservador William F. Buckley, fundador de la revista *National Review*, una suerte de biblia para los conservadores.

Y, por último, el nacimiento y la popularidad del Tea Party, con el que los libertarios comparten muchos puntos de vista, aunque no todos —son menos conservadores en algunos aspectos sociales y mucho menos intervencionistas en política exterior—, han sacado a Ron Paul de los márgenes de la vida política estadounidense para poner algunas de sus ideas en el centro del debate, sobre todo la desconfianza hacia el gobierno federal. (*"Washington is broken"* es el lema que repite hasta la saciedad la derecha conservadora.)

Sus ideas no han sucumbido con su retiro. Ron Paul ha dejado un legado importante en el Congreso en manos de su hijo y heredero ideológico, Rand Paul, senador por Kentucky y una de las figuras ascendentes del Partido Republicano que ya se ha ganado la etiqueta de "presidenciable".

Ron Paul reconoce que el tema de la mariguana fue, durante mucho tiempo, un elemento tangencial de su discurso político. Algo que usaban sus enemigos para intentar desprestigiarlo porque era controvertido.

"Yo era el loco que quería legalizar la mariguana", ironiza.

En sus primeros años legislativos, a principios de los 80, en plena ofensiva contra las drogas, Paul no alentó el tema. Pero la reforma de las leyes comenzó a ganar tracción en su última etapa en el Congreso, de 1997 a 2013, cuando conoció a personas de la izquierda política, como el demócrata Barney Frank, con quienes formó una coalición exótica e improbable para demostrar que la legalización no era un tema republicano o demócrata, sino un tema de libertades civiles.

El Congreso de Estados Unidos ha visto a pocas parejas tan extrañas como la de Ron Paul y Barney Frank.

Frank era otro político veterano, quien durante 32 años representó al sur de Massachusetts. Era la antítesis de Paul. Abrupto, ultraprogresista, formado en Harvard, judío y gay. Fue el primer congresista en "salir del clóset" en 1987 y también el primero en casarse con su pareja. Frank saltó a la fama por haber redactado, junto con otro demócrata, Chris Dodd, la ley Dodd-Frank, que intentó poner coto a los excesos de Wall Street después de la crisis financiera global de 2008.

"Por su tipo de vida y por sus posiciones políticas, no estábamos de acuerdo en casi nada pero siempre fuimos amigos", recuerda Paul. "Siempre hablábamos en la comisión de Asuntos Financieros [de la Cámara de Representantes de la que ambos eran miembros] y durante todos esos años en el Congreso. Empezamos a conocernos y por lo menos a respetarnos. Creo que entendió que los libertarios eran distintos de los conservadores dogmáticos, así que había una asociación natural, al menos podíamos hablar".

En junio de 2011, los dos congresistas apadrinaron el primer proyecto de ley presentado en el Congreso para permitir a los estados regular la mariguana. La iniciativa pedía retirar el cannabis de la lista de sustancias más peligrosas de la Ley de Sustancias Controladas de 1970, piedra angular de la lucha contra las drogas. El texto se inspiró de la Enmienda 21 de la Constitución, que acabó con la Prohibición en 1933 y autorizó de nuevo el consumo de alcohol en Estados Unidos.

"Siempre es bueno encontrar a alguien que puede sorprender al público, la gente se preguntaba qué estaba pasando y cómo podíamos trabajar juntos. También lo hicimos para demostrar que se podía hacer", recuerda Paul.

La iniciativa fracasó, algo que estaba claro de antemano, pero sirvió para poner de manifiesto que la guerra contra las drogas no había conseguido nada y había costado miles de millones de dólares. "Llenamos nuestras prisiones pero las prisiones nunca han curado a nadie", apunta el libertario.

Paul duda de la valentía política de sus antiguos colegas.

"El mayor obstáculo sigue siendo la percepción de que los electores te castigarán si estás a favor de la legalización". No fue su caso, incluso en un distrito tan conservador como el suyo, que lo reeligió en nueve ocasiones siempre con amplias mayorías. "Me preguntaban cómo podía decir esas cosas y seguir ganando elecciones".

El Congreso, dice Paul, siempre es bastante cobarde a la hora de liderar, suele llevar un retraso de diez o 15 años respecto a lo que piensa la gente y cede con facilidad a la presión de los *lobbies*.

"Hay muchos intereses en juego. Algunos no quieren legalizar la mariguana porque podría impulsar el cáñamo que haría competencia al algodón. La industria del alcohol cree que si la gente fuma mariguana beberá menos, y las farmacéuticas temen vender menos tranquilizantes".

Ante la inercia de Washington, "los estados no han tenido más remedio que ignorar al gobierno", algo muy sano, considera Paul. Como buen libertario, respalda la "teoría de la anulación" según la cual un estado tiene derecho a anular una ley federal si la considera inconstitucional.

Esta teoría retoma una de las constantes de la vida política estadounidense: las tensiones entre los estados y el gobierno federal en el reparto de poder. Están presentes desde los inicios de la joven democracia y están definidos en la Décima Enmienda de la Constitución, que garantiza a cada estado el "poder de jurisdicción" que no haya delegado a la autoridad federal. Es también una de las principales reivindicaciones del movimiento libertario.

Por eso, Paul se ha entusiasmado con las iniciativas estatales a favor de la mariguana. "Han dicho al gobierno federal y a la DEA que no intervengan más en sus asuntos. Es una tremenda victoria", dice.

A Ron Paul le gusta recordar que, hasta 1937, cuando el gobierno federal prohibió el cannabis, la droga era legal y estaba regulada. "Esto no es una idea radical, es algo que fue legal durante mucho tiempo".

Para el anecdotario: el día que comenzó a regir la ley, el 2 de octubre de 1937, Samuel Caldwell, un peón desempleado de 58 años, fue sorprendido traficando con porros en un hotel de Denver, en Colorado. El juez del caso quiso dar un ejemplo y lo sentenció a cuatro años de trabajos forzados en el penitenciario de Leavenworth, Kansas. Caldwell se convirtió en la primera persona en la historia de Estados Unidos condenada por vender mariguana.

Paul no es la única voz disidente dentro del movimiento conservador. Otros libertarios también han abogado por desregular la mariguana. Pensadores como Milton Friedman, gran defensor de la economía de mercado, y el intelectual William F. Buckley, "gurú de los conservadores", empezaron a proponer una revisión de la política antidrogas a partir de los años 90.

Los dos arremetieron contra el despilfarro de una política que consideraban disfuncional e ineficaz pese a haber sido diseñada e implementada por sus colegas republicanos.

Para Buckley, uno de los pensadores que sentó las bases ideológicas de la revolución conservadora de Reagan, era menos costoso tratar a los adictos que pudiera generar una legalización que financiar la lucha contra el narcotráfico. Buckley, a quien siempre le gustaba provocar, declaró en 1996 que regular las drogas traería otro beneficio: liberaría "a la mitad de los estadounidenses que viven estreñidos por la preocupación que les generan las drogas".

En un artículo titulado "Free Weed", Buckley criticó duramente la "inercia" de los políticos conservadores por ignorar "una realidad cada vez más presente". La práctica legislativa, insistía, debía basarse en los hechos y en el caso del cannabis había problemas "particularmente obvios", como el excesivo número de arrestos.

"Los conservadores se enorgullecen de resistirse al cambio, como debe ser. Pero una deferencia inteligente hacia la tradición y la estabilidad puede evolucionar en pereza intelectual y fanatismo moral", advertía Buckley, sin temer a enemistarse con los suyos.

Milton Friedman era aún más categórico: "Pongamos que alguien quiere fumar un cigarrillo de mariguana. Si lo pillan, acaba en la cárcel. ¿Es esto moral? ¿Es correcto?", se preguntaba en una entrevista en 1991, al argumentar que ningún gobierno podía "convertir en criminales a personas que no han hecho ningún daño y destruir su vidas".

El que fuera asesor económico de Ronald Reagan recordó que durante la Prohibición, siendo adolescente, "se podía conseguir alcohol fácilmente. La idea de que prohibir el alcohol iba a evitar el consumo era absurda. Y además surgieron Al Capone, la criminalidad y la guerra de pandillas".

"No hay base lógica para prohibir la mariguana" declaró Friedman cuando ya tenía 92 años. "Nuestro fracaso a la hora de aplicar estas leyes es responsable de la muerte de miles de colombianos. Ni siquiera incluyo el daño que ha causado entre la gente joven. Es absolutamente lamentable pensar en detener a un chico de 22 años por fumar 'maría'. Y todavía más lamentable negar la mariguana con fines medicinales".

En 2005, Milton Friedman y otros 500 economistas escribieron una carta abierta al entonces presidente, George W. Bush, en la que respaldaron el informe de un profesor de Harvard, Jeffrey Miron, sobre las consecuencias presupuestarias de la prohibición. Ahí también pedían regular y ponerle impuestos a la mariguana, tal como sucedía con el tabaco o el alcohol.

Miron, que ha actualizado sus datos para el Instituto Cato, un centro de análisis libertario, ha estimado que Estados Unidos podría ganar, entre ingresos por nuevos impuestos y ahorros de gastos, casi 90 mil millones de dólares si legalizara todas las drogas, de los cuales 17 mil millones provendrían sólo de la mariguana.

La creciente frustración de muchos estadounidenses hacia la parálisis política de Washington ha popularizado los ideales libertarios y la percepción de que el gobierno ya no es la solución a sus problemas.

Las fronteras ideológicas, sobre todo en temas sociales, como las drogas, la inmigración o el matrimonio gay, se han difuminado para dar pie a consensos que franquean las divisiones políticas tradicionales y se movilizan en campañas que van más allá de los partidos.

Este clima de rechazo al *establishment* político de Washington no teme a las contradicciones: jóvenes simpatizantes libertarios defienden a la vez el derecho de cada estadounidense a llevar armas, un derecho que los conservadores consideran sagrado, y respaldan la legalización de la mariguana casi tanto como los demócratas.

"Los libertarios ven el tema de las drogas de la misma manera que una idea que puedas tener en tu cabeza o la vida espiritual que decidas elegir —explica Paul—. No se supone que debemos restringirlas. Piense en lo peligroso que es la filosofía. La filosofía probablemente ha matado a más gente que cualquier resaca. Y sin embargo nadie dice que la solución es no tener ideas. Pero cuando se trata de beber o fumar demasiado, la gente piensa, 'oh, es la responsabilidad del gobierno'".

Con sus declaraciones sobre la mariguana, Paul se ha granjeado una popularidad inesperada entre los militantes del cannabis, aunque no le gusta mucho la idea de que lo asocien a una causa progresista. "Los que quieren ridiculizarme piensan que los jóvenes que me apoyan son todos unos adictos. Los animo a que vengan a mis conferencias en las universidades y vean a estos jóvenes. Me dejan muy impresionado. Son muy conservadores, tienen buenos modales y visten bien".

Estos jóvenes, tan dignos a los ojos de Ron Paul, votan. La causa a favor de la legalización espera movilizarlos, así como al resto de los libertarios, en los referendos populares de los estados y en la capital para abrir una pequeña grieta en el muro de la oposición conservadora.

Apuntalar esa grieta en Washington es tarea de Howard *Cowboy* Wooldridge.

Wooldridge es uno de los eslabones entre los libertarios y el movimiento a favor de la legalización. Es cabildero de Ciudadanos contra la Prohibición (COP, por sus siglas en inglés), una organización vinculada a LEAP, la organización de Neill Franklin, y se dedica a llamar a las puertas de los congresistas republicanos para convencerlos de que lo escuchen.

"Me conocen como el conservador libertario a favor de la reforma".

Wooldridge es inconfundible. En los simposios, conferencias, reuniones, encuentros y charlas en las que participa se le reconoce a leguas: es el tipo alto, con sombrero y botas tejanas, que cruzó parte de Estados Unidos en su yegua, *Misty*, durante siete meses, para promocionar la causa de la legalización que defiende desde hace 17 años.

El personaje que ha creado este ex policía de Michigan es muy efectivo. En el Capitolio su atuendo, recorrido e ideas le abren las puertas de los neoliberales: "Hay 25 mil cabilderos y los ayudantes de los congresistas te dirán con toda honestidad que dentro de tres días no se acordarán de ti. Pero yo llego y se acuerdan. Por el sombrero de *cowboy* y la historia del caballo. Y entonces puedo empezar a hablarles", afirma.

Woolridge asegura que "la revolución de Ron Paul" lo ha ayudado muchísimo en su tarea: "Cada vez es más fácil convencer a los republicanos porque las ideas libertarias se vuelven más populares".

"Y por eso hay progresos. Por lo menos hay una conversación. Utilizo los argumentos de los libertarios, les doy la vuelta y los hago pensar. Les digo que la prohibición es el resultado de un Estado progresista que hace de niñera que permite a agentes federales y policías entrar en las casas de ciudadanos", dice.

Como buen cabildero, ha sabido adaptar su lenguaje a su público. "Cuando hablo con los congresistas conservadores nunca menciono la 'L' de legalizar, siempre uso la 'R' de revocar. Les pido que revoquen la prohibición federal de todas las drogas, empezando con la mariguana, y que se deje el asunto en manos de los estados. Cuando les digo a los tejanos que deben dirigir los asuntos de Texas, les suena bien".

De tanto llamar a las puertas del poder, Wooldrige ha

aprendido una lección importante: "Washington se mueve por tres cosas: poder, dinero y egos. Los egos son lo más importante. Los congresistas piensan que por ser congresistas son mucho más listos que tú. Si llevan creyendo algo durante 30 años obviamente deben tener razón. Y si les pido legalizar la mariguana, eso implica que llevan 30 años equivocándose. Es algo que les cuesta mucho asumir".

Aunque la gran mayoría de los republicanos aún se opone a la mariguana, en los últimos años el partido ha empezado a distanciarse del legado de Ronald Reagan que abogaba por el castigo sin redención. La plataforma electoral republicana de las presidenciales de 2012 abogó por primera vez por tratar a los adictos como enfermos y criticó la "excesiva criminalización" de las "pautas de comportamiento" (léase el consumo de droga) sin entrar en detalle.

Las injusticias creadas por el sistema judicial, y sobre todo el elevado costo de mantener una gran población carcelaria en tiempos de crisis, han contribuido a resquebrajar el inmovilismo republicano.

Una de las voces más inesperadas a favor del cambio ha sido la de Rick Perry, gobernador de Texas y antiguo candidato presidencial en 2012. Perry sorprendió en el Foro Económico de Davos, a principios de 2014, al hacer públicas sus dudas sobre la eficacia de las políticas que tanto había defendido su partido.

"Después de 40 años de guerra contras las drogas no puedo cambiar lo que ha ocurrido en el pasado. Lo que sí puedo hacer como gobernador del segundo estado del país es implementar políticas que empiecen a llevarnos hacia la despenalización y eviten que la gente vaya a prisión", afirmó.

Perry añadiría poco después, en un programa de humor

de la televisión estadounidense, que Estados Unidos no podía "arruinar la vida de un joven por haber fumado un porro"
con leyes demasiado estrictas. Esa misma semana, un sondeo
aseguraba que el 49 por ciento de los texanos estaba a favor
de legalizar.

La mariguana es todavía un tema demasiado controvertido para los políticos de Estados Unidos, de izquierda y
derecha, que prefieren evitar pronunciarse. Wooldrige pro-
nostica que los republicanos no podrán mantener por mucho tiempo su cauta neutralidad. Los candidatos a las prima-
rias republicanas de 2016 "deberán posicionarse respecto a la
legalización, sobre todo si los experimentos de Washington y
Colorado son un éxito".

La auténtica transición hacia la legalización, dice el economista Jeffrey Miron, se realizará "cuando un republicano
conservador se pronuncie a favor. Si sólo se pronuncian los
demócratas, no será suficiente. Aunque de momento hay pocas posibilidades de que ocurra".

Para Ron Paul el debate va más allá de la vida política
estadounidense.

"Espero que la presión de la opinión pública se amplíe
al resto del mundo, porque el narcotráfico es un fenómeno
internacional: cuantos más países se apunten, mejor", dice el
antiguo congresista.

Paul coincide con la visión de los presidentes de América Latina que formaron la Comisión Global sobre Políticas
de Drogas cuando sostiene que, con la legalización, "muchos
traficantes se quedarían sin negocio a ambos lados de la frontera entre Estados Unidos y México".

"No habría guerra contra las drogas y todo el mundo estaría mejor".

PRESIDENTES Y PENSADORES

E L 17 DE JUNIO DE 1971, Richard Nixon se reunió en la Casa Blanca con líderes demócratas y republicanos del Congreso a fin de discutir un nuevo paquete de políticas para prevenir y controlar el abuso de drogas. Al finalizar el encuentro, que duró unas dos horas, Nixon se dirigió a la sala de prensa, se paró frente a los periodistas y les dijo: "El enemigo público número uno de Estados Unidos en Estados Unidos es el abuso de drogas. Con el fin de combatir y derrotar a este enemigo, es necesario emprender una ofensiva nueva, sin cuartel".

Así comenzó la actual guerra contra las drogas.

El 2 de junio de 2011, casi 40 años después, un grupo de líderes políticos, intelectuales y empresarios reunidos por el antiguo presidente de Brasil, Fernando Henrique Cardoso, en la Comisión Global sobre Política de Drogas, presentó en Nueva York, en una sala repleta de periodistas del Hotel

Waldorf Astoria, un informe que hacía un balance crítico de la política iniciada por Nixon. El informe abría con una frase categórica: "La guerra global contra las drogas ha fracasado, con consecuencias devastadoras para individuos y sociedades alrededor del mundo".

Ese día, tres presidentes de América Latina sepultaron la guerra contra las drogas.

"Rompimos el tabú", recuerda el antiguo presidente de Colombia, César Gaviria. "Hasta que el grupo no sacó su primera declaración, estaba muy mal visto que una persona hablara de eso. Lo que nos hemos encontrado son sociedades cada vez más abiertas, cada vez más dispuestas a discutir el tema, tomando más distancia de las políticas del prohibicionismo".

Cardoso, Gaviria, y Ernesto Zedillo, de México, los tres ex presidentes de América Latina que integraron la Comisión Global, no sólo rompieron un tabú. También llenaron un vacío. Las evidencias sobre el fracaso de la guerra contra las drogas eran ya por aquel entonces abrumadoras, pero no había una sola figura política que se pusiera al frente de la batalla para liquidarla. Nadie. Un punzante silencio envolvía un debate minúsculo, casi inexistente. Pocos se atrevían a alzar la voz, y menos todavía a plantear abiertamente el entierro de una política pública diseñada, promovida y exportada por Estados Unidos que había probado ya su inutilidad con creces.

Los ex presidentes quebraron ese silencio con un guiño a la legalización, al alentar a los gobiernos del mundo a experimentar "con modelos de regulación legal de drogas para socavar el poder del crimen organizado y para salvaguardar la salud y la seguridad de sus ciudadanos". Años después, Uruguay sería el primer país en seguir ese camino.

Cardoso reunió a hombres y mujeres de renombre y prestigio, de 14 países y cuatro continentes, que le dieron forma y peso al primer cuerpo político que denunció el fracaso de la doctrina prohibicionista de Washington.

Antes, sólo unas pocas voces aisladas —entre ellas, notablemente, la de un joven, Barack Obama, camino de convertirse en el 44º presidente de Estados Unidos— habían criticado la guerra contra las drogas y la habían tildado de fracaso. Pero la Comisión unificó un mensaje que terminó de darle credibilidad al debate.

Ese histórico mensaje había nacido unos años antes, en América Latina, y había convertido a Cardoso, Gaviria y Zedillo en pioneros políticos de la legalización.

La ofensiva política más contundente para destruir la guerra contra las drogas provino de la región que más había sufrido sus efectos. En Estados Unidos, cuando se ha abordado la guerra contra las drogas se ha hablado del "encarcelamiento masivo" y de su desproporcionado golpe a las minorías. En América Latina se ha hablado de muertos.

América Latina tuvo que lidiar, dentro de sus propias fronteras, con el flagelo provocado por el narcotráfico, alimentado por el inacabable apetito por las drogas de Estados Unidos y del Viejo Continente, los dos principales consumidores del planeta. Ciudad Juárez, Acapulco y Monterrey, en México; San Pedro Sula, en Honduras; Cali y Barranquilla, en Colombia, o Belo Horizonte y Río de Janeiro, en Brasil, por nombrar sólo algunas ciudades, vieron cómo sus calles se tiñeron de sangre.

El narcotráfico, el crimen organizado y la guerra contra las drogas fueron actores preponderantes, aunque no solitarios, de una escalada de violencia que condujo a una triste estadística: en 2012, la ONU registró 138 mil 715 homicidios en América Latina, que desplazó así a África como la región más violenta del mundo. Brasil, México, Venezuela y Colombia lideraron el crudo conteo.

Como presidentes, Cardoso, Gaviria y Zedillo formaron parte de la guerra contra las drogas al liderar una frustrante ofensiva contra el narcotráfico y el crimen organizado. Conocían el problema.

"Sabíamos nosotros, en América Latina, que el cambio fundamental debía darse en Estados Unidos, porque la presión a favor de la guerra contra las drogas venía de Estados Unidos", recuerda Cardoso.

El momento era propicio para atacar. En Estados Unidos, el respaldo de la opinión pública a la legalización crecía año tras año. La industria del cannabis había comenzado a ganar credibilidad y a expandirse a más estados gracias al avance de la mariguana medicinal, algo que no había generado grandes inconvenientes. En Europa, dos experimentos, el de Ámsterdam y el de Portugal, habían ayudado a moderar el principal temor que generaba la despenalización del consumo: que la legalización disparara el uso de drogas.

Para aquel entonces, ya era claro además que la guerra contra las drogas no las iba a erradicar.

Entre 1998 y 2008, según estimaciones de Naciones Unidas que recogió el informe de la Comisión Global, el consumo mundial de opiáceos, cocaína y cannabis había aumentado. Eso, aun cuando el gobierno federal de Estados Unidos había elevado el presupuesto anual para controlar las drogas —que incluía tratamiento, prevención, financiamiento de las fuerzas de seguridad y los programas de asistencia a otros países— a casi 26 mil millones de dólares en el año fiscal 2010, una cifra difícil de digerir para Washington, quebrada por la agresiva política fiscal de George W. Bush, las guerras en Irak y en Afganistán, y la debacle de la crisis financiera global.

Todos los recursos, la tecnología y la capacidad humana de las Fuerzas Armadas más avanzadas y letales del planeta eran incapaces de cortar la producción o el flujo de drogas, en parte porque los cárteles jugaban de igual a igual gracias al dinero del negocio que tenían entre manos. La guerra contra las drogas no sólo había fracasado: ya no había dinero suficiente para intentar siquiera revertir el fracaso.

Barack Obama y sus ánimos de cambio y esperanza habían llegado a principios de 2009 a la Casa Blanca. Como candidato, Obama había generado la expectativa de un liderazgo fresco, moderno, más cercano a los valores del resto del mundo que el de Bush.

Para América Latina, el momento también era propicio. Durante años, Washington había ejercido una fuerte injerencia política en la región. Estados Unidos quedó ligado a dictaduras que violaron derechos humanos, golpes de Estado, guerrillas y políticas económicas que algunos países abrazaron y otros defenestraron. Pero, a partir de la década de los 90, la consolidación institucional y económica de varios países —Brasil es, quizá, el caso más notorio— elevó el perfil de la región y legitimó a sus mandatarios, mucho más capaces de hacer valer la soberanía y la autonomía de sus naciones.

La guerra contra las drogas había dejado un daño humano incalculable en la región que iba más allá de las vidas perdidas en las calles. Para América Latina, no se trataba sólo de un problema de salud, de delincuencia o de seguridad. Era un problema de desarrollo.

En Colombia, la tasa de homicidios por cada 100 mil habitantes aumentó de 23, en 1971, a 78, el pico histórico, en 1991. Cuando la llamada "ruta del Caribe" se cerró, el problema se trasladó a México. Los cárteles mexicanos acapararon el negocio del narcotráfico y sembraron la muerte en varias ciudades, en sus luchas internas por el poder y al enfrentarse con las Fuerzas Armadas, enviadas por el presidente Felipe Calderón para recuperar la calle. La tasa de homicidios subió de 8.5 en 2004 a 22.8 en 2011.

Las cifras muestran un problema con el que se topó la ofensiva de los gobiernos de América Latina contra el crimen organizado: el llamado "efecto globo". La erradicación de un campo de cultivo, la captura de un capo o el cierre de una ruta de narcotráfico en un país sólo trasladaba el problema a otro lugar, como un globo que ante un golpe vuela de un lado a otro.

"Aunque muchos analistas políticos han puesto toda la culpa de la reciente situación en México en las estrategias implementadas por Felipe Calderón, la investigación reciente muestra que una parte del aumento de la violencia y de las actividades de tráfico de drogas en México se explica por las exitosas políticas de interdicción implementadas en Colombia a partir de 2007", sentencia un capítulo dedicado a América Latina de un informe de LSE Ideas, un centro de estudios de asuntos internacionales de la London School of Economics, presentado en mayo de 2014 en Londres. El trabajo, un compendio de las críticas que ha sumado en los últimos años la guerra contra las drogas, contó con el aval de cinco premios nobel de economía y llamó a diseñar "una estrategia internacional para el siglo XXI".

El informe incluye la investigación de dos economistas colombianos, Daniel Mejía y Pascual Restrepo, quienes estimaron que el 46 por ciento del aumento en los homicidios vinculados a drogas y el 21.2 por ciento de los homicidios en el norte de México se debieron a la escasez de cocaína provocada por las políticas de interdicción de Colombia.

"Hay muy pocas historias en la lucha contra la producción de drogas y el tráfico en la región", afirmaron los expertos. "Y lo que resulta todavía más preocupante es que estas historias exitosas sólo terminaron transfiriendo o desplazando las actividades de producción y tráfico a algún otro lado", escribieron.

No hubo un momento exacto, dice Cardoso, en el que cayó en la cuenta de que las políticas que él, Gaviria y Zedillo habían impulsado durante sus presidencias no iban a dar resultados. Cuando era presidente, Cardoso creía que una ofensiva contra los cárteles y cultivos de drogas podía ser efectiva para erradicarlas. Con el tiempo vio que estaba equivocado: si se eliminaba un cultivo, aparecía uno nuevo, en el mismo lugar o en otro; si se eliminaba un capo, otro se hacía cargo.

Gaviria ofrece una explicación similar. No había entendido, sostiene, que la lucha contra las drogas y la política de éstas debían abordarse, primero, por el lado de la demanda y no por el de la oferta.

Ya alejado del Palacio del Planalto, Cardoso comenzó a abogar por leyes más leves contra las drogas. En 2008, participó en un encuentro sobre drogas en el Departamento de Estado en Washington donde hubo, según recuerda, mucha discusión y quedó en evidencia que había margen para impulsar un cambio de política en Estados Unidos. Por esa época se reunió para hablar del tema con George Soros, que ya había puesto parte de su fortuna detrás de la legalización.

"Me di cuenta de que había que cambiar el asunto", dice

ahora Cardoso, el autor intelectual de la reacción de América Latina. "Tomé la decisión de conversar con otros presidentes, con Gaviria, con Zedillo, para estudiar la cuestión. Así comenzó la Comisión".

Cardoso se refiere a la Comisión Latinoamericana sobre Drogas y Democracia, la antecesora de la Comisión Global, que reunió a los tres ex presidentes y a varios intelectuales de América Latina, como el historiador mexicano Enrique Krauze, el escritor peruano y premio nobel de literatura Mario Vargas Llosa, el escritor brasileño Paulo Coelho y el periodista y politólogo venezolano Moisés Naím.

"Había gran dificultad en entender lo que estaba pasando", explica Moisés Naím. "Era un debate maniqueo donde estaban, por un lado, los prohibicionistas a ultranza, y por otro los legalizadores a ultranza. Y eso impedía pensar".

Naím sostiene que el gran éxito de la Comisión fue crear un espacio político más seguro donde los políticos no corrieran el riesgo de perder su carrera por decir una verdad, o por comentar algo obvio y fácil de sostener con un puñado de datos: que la lucha antidroga tradicional no funcionaba. El informe elaborado por la Comisión ofrecía a los políticos un paraguas bajo el cual cobijarse. Un político podía ampararse en las declaraciones de otros mandatarios para abrir y promocionar el debate de nuevas ideas.

"Ya podían decir: estos ex presidentes, estas personas que están por encima de toda sospecha están diciendo esto. Les cubríamos las espaldas. Nadie podía acusar a César Gaviria de ser aliado de los narcotraficantes, nadie podía acusar a Ricardo Lagos, a Fernando Henrique Cardoso o a mí de ser simpatizantes de los criminales", resalta Naím. "Nadie podía decir que teníamos intereses ulteriores".

La contradicción más grande se encontraba en Estados Unidos.

"Cuando se le preguntaba a la gente si pensaba que la guerra contra las drogas estaba funcionado, la respuesta era abrumadoramente que no, pero a la pregunta de si había que cambiar las políticas, también contestaban que no. En esa contradicción se hallaba todo el problema", subraya Naím. "Para un político era un tema radioactivo decir algo que fuera en contra de la prohibición, era darle un arma potentísima a su rival. A los 30 segundos se le iba a acusar de ser blando con los criminales, de estar en connivencia con los narcotraficantes".

La Comisión Latinoamericana reunió a políticos con intelectuales, al poder con el pensamiento. Los escritores Mario Vargas Llosa y Carlos Fuentes pusieron su nombre y prestigio para derribar los pilares de la guerra contra las drogas. Fue, quizá, un acto natural para honrar la tradición que impuso el "*boom* latinoamericano", al que el propio Vargas Llosa llamó "un movimiento no sólo literario y cultural, sino político".

Desde las páginas del diario español *El País*, Vargas Llosa amplió el debate sobre la política de drogas. En febrero de 2010, antes de ser galardonado con el Nobel de Literatura, denunció que era absurdo declarar una guerra que los carteles de la droga ya habían ganado; respaldó los experimentos de legalización, siempre y cuando, aclaró, estuvieran acompañadas "de un esfuerzo paralelo para informar, rehabilitar y prevenir el consumo de estupefacientes perjudiciales para la salud".

"No importa cuántos capos y forajidos caigan muertos o presos ni cuántos alijos de cocaína se capturen, la situación empeorará —afirmaba el escritor peruano, en una de sus columnas—. A los narcos caídos los reemplazarán otros, más jóvenes, más poderosos, mejor armados, más numerosos, que mantendrán operativa una industria que no ha hecho más que extenderse por el mundo desde hace décadas, sin que los reveses que recibe la hieran de manera significativa".

"Poco a poco, la batalla por la legalización de las drogas va abriéndose camino y haciendo retroceder a quienes, contra la evidencia misma de los hechos, creen que la represión de la producción y el consumo es la mejor manera de combatir el uso de estupefacientes y las cataclísmicas consecuencias que tiene el narcotráfico en la vida de las naciones", escribía Vargas Llosa en *El País*.

El resultado del esfuerzo de la Comisión Latinoamericana fue un informe de 12 páginas que sirvió de esqueleto para el trabajo de la Comisión Global que se difundiría dos años y medio más tarde. El informe, presentado en febrero de 2009 en Río de Janeiro, enviaba desde su primera página un mensaje directo a Washington: "Las políticas prohibicionistas [...], así como la criminalización del consumo, no han producido los resultados esperados. Estamos más lejos que nunca del objetivo proclamado de erradicación de las drogas".

El grupo de políticos e intelectuales latinos acusaba a Estados Unidos y a Europa de tener una cuota de responsabilidad en los problemas que enfrentaba América Latina por el narcotráfico, al ser los mayores consumidores de drogas. Además, les reclamaba que aplicaran políticas para reducir su consumo. Los países consumidores, con la prohibición, habían exportado una parte de los costos que acarreaba el flagelo de las drogas a los países productores.

Años de batalla inútil contra el narcotráfico y los cárteles habían dejado a la región ante una realidad tan frustrante como aterradora, que los presidentes y el resto de los miembros de la Comisión no intentaron maquillar: el consumo de drogas aumentaba, la violencia había alcanzado "niveles inaceptables", el crimen organizado se había convertido en uno de los problemas más graves y había logrado infiltrarse en las instituciones democráticas. América Latina era testigo de "la criminalización de la política y la politización del crimen". Era urgente actuar, a la luz del "elevadísimo costo humano y amenazas a las instituciones democráticas".

Por si fuera poco, los esfuerzos por desarmar las estructuras multinacionales de los cárteles habían fracasado. América Latina, que ya era el principal exportador mundial de cocaína y mariguana, comenzaba a jugar un creciente papel en el negocio global de la heroína, el opio y las drogas sintéticas, como las metanfetaminas.

Gaviria recuerda ese momento: "Cuando acepté la propuesta del presidente Cardoso de formar parte de la Comisión, de lo que yo sabía era de seguridad. No había adquirido conciencia de la importancia del consumo y de que había que abordar el problema por ese lado primero, no por el de los cárteles. No. La base de un cambio de política estaba en el consumo".

De los tres ex presidentes, Gaviria era el que había vivido más de cerca la guerra contra el crimen organizado. Gaviria será recordado, entre otras cosas, como el presidente que terminó con Pablo Emilio Escobar, jefe del cártel de Medellín, tiroteado por las fuerzas de seguridad colombianas en diciembre de 1993. Cardoso y Zedillo también hicieron frente a las organizaciones criminales, pero en esa época fue él quien lideró la ofensiva más brutal.

Gaviria no cree que la legalización sea suficiente para aniquilar a los cárteles.

Estos grupos, además de hacer dinero con las drogas ilegales, lucran con la trata de personas y el tráfico de armas. Y, aun cuando el cannabis se legalizara por completo en Estados Unidos, todavía existiría un mercado negro de narcóticos más rentables, como la cocaína, la heroína y las metanfetaminas, que las organizaciones criminales seguirán explotando.

La importancia del cannabis en el negocio de los cárteles es motivo de disputa. El gobierno federal de Estados Unidos ha sostenido que es la mayor fuente de ingresos de las organizaciones criminales de México dedicadas al tráfico de drogas. La estimación oficial: más del 60 por ciento de los ingresos de los cárteles provienen de la distribución de cannabis en Estados Unidos. Ese cálculo ha sido cuestionado por estimaciones privadas. La "mariguana mexicana" tiene entre un 40 y un 70 por ciento del mercado estadounidense, y genera menos de un cuarto de los ingresos de los cárteles en Estados Unidos, según estimó RAND Corporation, una organización que desde finales de los 80 ha creado el cuerpo de estudios más amplio y profundo que existe sobre el mercado del cannabis. Cuatro investigadores de RAND han afirmado que la estimación oficial "no debería ser tomada seriamente".

Divergencias de lado, la legalización le imprimiría un golpe al crimen organizado.

"Una cosa es luchar contra los cárteles de la droga o luchar contra los cultivos, y otra cosa muy diferente, muy diferente, es aceptar el prohibicionismo y la criminalización del consumo, que es la fuente de la violencia descomunal que lleva el narcotráfico. Nadie está discutiendo que hay que enfrentar a los cárteles de droga, el problema es que Estados

Unidos tiene que cambiar de política hacia una más razonable que genere menos muertos", sostiene el líder colombiano.

Los informes de las dos comisiones renovaron el compromiso con la lucha contra el crimen organizado, con el matiz de utilizar la legalización en su contra. Los presidentes hicieron especial hincapié en la necesidad de "socavar el mercado negro".

Zedillo insistió en este punto en los primeros meses de 2014 en la sede del Consejo de las Américas de Manhattan, donde participó en una conversación sobre los avances del libre comercio en la región y las enseñanzas del Tratado de Libre Comercio entre Estados Unidos, México y Canadá (TLCAN), que cumplía dos décadas de vida. Durante las preguntas, uno de los asistentes le pidió su opinión sobre los experimentos de Washington y Colorado. "Drogas… un tema mucho más interesante", dijo Zedillo, desatando las risas. Luego aprovechó la pregunta para remarcar ante el público —analistas de bancos de inversión, empresarios, inversores y estudiantes— dos conclusiones de la Comisión: las drogas eran un problema de salud pública con el que debían "lidiar los médicos, no los policías", y era necesario diluir el mercado negro.

"Lo que hacemos hoy es extremadamente estúpido. Por la intervención del Estado, creamos un mercado negro que enriquece a los criminales", dijo Zedillo. "Si una persona cayera hoy en la Tierra y viera cómo lidiamos con el problema, no lo podría creer. Es un problema que hemos creado", agregó.

Fue una atípica aparición del mandatario que marcó el fin de 71 años consecutivos de gobiernos del Partido Revolucionario Institucional (PRI) en México cuando le entregó el mando a Vicente Fox, del Partido Acción Nacional (PAN) en el año 2000. Renuente a dar entrevistas, Zedillo se ha mantenido alejado de la vida pública desde que abandonó México para instalarse en la Universidad de Yale, donde, años atrás, había obtenido su doctorado en economía. Cardoso y Gaviria han destacado su aporte al trabajo de las comisiones, un aporte que había comenzado a tomar forma mucho antes de que los ex presidentes se unieran.

Uno de los antecedentes del trabajo de las comisiones fue un informe de la Institución Brookings, uno de los centros de estudio de mayor prestigio en Estados Unidos, presentado en noviembre de 2008. Zedillo fue uno de sus autores. El trabajo hacía hincapié en la necesidad de replantear la relación entre América Latina y Estados Unidos en vista del cambio de gobierno que se avecinaba en Washington, tras los dos mandatos de Bush, que se habían enfocado en la guerra contra el terrorismo.

En cuatro páginas resumía con datos punzantes una realidad poco prometedora con tres hechos contundentes: en América Latina y el Caribe vivía el 9 por ciento de la población mundial, pero la región sufría casi un tercio de los asesinatos de todo el mundo; cerca de 2 mil armas cruzaban todos los días la frontera entre Estados Unidos y México, forjando un trágico intercambio comercial ilegal: las drogas viajaban al norte y las armas al sur, y pese a los esfuerzos por cortar el suministro, aplastar a los cárteles y la política de "mano dura", el consumo de drogas había permanecido "más o menos estable" en Estados Unidos.

La única solución a largo plazo al problema de las drogas era reducir la demanda en los principales países consumidores, incluido Estados Unidos, sentenciaba el trabajo. Esa frase, casi exacta, aparecería luego en el informe de la Comisión Latinoamericana.

Zedillo, en una entrevista para el periódico *Los Angeles Times* al momento de difundirse ese informe, criticó la asimetría de la política estadounidense, que "demandaba que países como México contuvieran el flujo de drogas hacia el norte, sin esfuerzos exitosos para detener el flujo de armas hacia el sur". Estados Unidos, insistía el político mexicano, debía hacer frente al problema de salud pública que provocaba el alto consumo de drogas en el país.

"Si insistimos sólo en una estrategia de persecución de los traficantes de drogas, el problema nunca se resolverá", sentenciaba Zedillo.

Con el tiempo, el trabajo de la Comisión Latinoamericana quedó opacado por la exposición pública que logró su sucesora. Pero cumplió con su papel de derrumbar el silencio político en América Latina y elevar el reclamo sobre Washington para impulsar un cambio en las políticas públicas para lidiar con el problema de las drogas. Ese trabajo, más tarde, lo continuarían otros mandatarios de la región.

Después de describir la situación en América Latina y declarar el fracaso de la guerra de las drogas, los presidentes dieron el siguiente paso: llevaron el mensaje a Estados Unidos. La Comisión Latinoamericana se convirtió así en la Comisión Global, expandió su mensaje y sumó más figuras de más latitudes, como el ex secretario General de la Organización de las Naciones Unidas Kofi Annan, el ex presidente de la Reserva Federal de Estados Unidos Paul Volcker, además de políticos europeos y el escritor mexicano Carlos Fuentes.

El informe de la Comisión Global buscó abrir la puerta a una nueva política pública. Al ser un tema sensible, la Comisión Global ungió la "regulación" de las drogas, un eufemismo que vestía la legalización con la suficiente elegancia para ser mirada sin recelo por las audiencias más opuestas a la idea. El grupo ofreció pautas claras: recomendó "terminar con la criminalización, la marginalización y la estigmatización" de las personas que usaban drogas; reivindicó el enfoque más compasivo de Europa en contra del prohibicionismo de Estados Unidos; exigió que las políticas de drogas se basaran en "sólida evidencia científica y empírica" y no en ideologías, e hizo hincapié en la necesidad de tratar la adicción con un enfoque más humano, como un problema de salud y no como un crimen.

Pero sobre todo, la Comisión Global propuso un cambio de filosofía: el desarrollo y la implementación de políticas de drogas debía ser una responsabilidad compartida global, y tener en cuenta "las diversas realidades políticas, sociales y culturales". La Comisión no escatimó críticas a la ONU y a Estados Unidos por haber impuesto "enérgicamente" durante medio siglo a todos los países el mismo enfoque rígido en la política de drogas, las mismas leyes y la misma severidad en su aplicación. La Comisión lo resumió con un término: "imperialismo del control de drogas". Se instó a experimentar, sobre todo con el cannabis, sin brindar una fórmula, una hoja de ruta única hacia la legalización.

"Nadie tiene un camino definido", afirma Gaviria. "Cada país tiene que seguir su camino y tiene que aprender porque no hay una política ideal, no hay un libro que diga cómo se hace. Eso no existe. Lo que existe son ensayos y caminos y buscar alternativas. Por eso hay que volver a la política del menor daño, ir ensayando, abriendo campos, ensayando, investigando y buscando información creíble".

"Ningún modelo es excluyente", agrega Naím. "Es difícil

tener un debate sin incluir las experiencias que están pasando en todas partes. Creo que eso es maravilloso".

Tras la difusión del informe, los ojos del mundo se posaron por un instante sobre Estados Unidos y su nuevo presidente. Barack Obama había hablado abiertamente de su interludio con las drogas y además había dicho que la guerra contra las drogas era una fracaso.

Pero la reacción, en discursos y hechos, llegó otra vez de América Latina.

En 2012, en la Asamblea General de Naciones Unidas, Otto Pérez Molina, de Guatemala; Juan Manuel Santos, de Colombia, y Felipe Calderón, de México —que hablaba por última vez como presidente—, reclamaron por primera vez ante los líderes del mundo que hubiera un debate sobre la política de drogas. Se había cumplido lo descrito por Naím: el trabajo de las comisiones formadas por Cardoso les había brindado un paraguas.

Un año más tarde, en 2013, la Organización de Estados Americanos (OEA) quebró la resistencia de los organismos internacionales al abordar el tema en un extenso informe que recomendó despenalizar el consumo. El informe había sido pedido por Santos en la Cumbre de las Américas de Cartagena, Colombia, en 2012, que pasó a la posteridad por una noticia mucho más prosaica: el escándalo que protagonizaron los agentes del Servicio Secreto de Estados Unidos por ir con prostitutas.

La reacción más contundente, sin embargo, provino de Uruguay, el rincón menos caótico de América Latina, de la mano de José *Pepe* Mujica, uno de los presidentes más carismáticos y populares que ha dado una región que no ha sufrido de escasez de líderes coloridos. En 2013, Mujica se convirtió en el primer presidente de la historia en impulsar la legalización del cannabis en su país.

El cannabis no podía haber encontrado dos mejores aliados para forjar su avance en la región que Mujica, un poeta humanista con una sonrisa amable, canas, mirada arrugada y espalda encorvada por los años, cuya modestia le valió en Estados Unidos el mote del "presidente más pobre del mundo", mientras que Uruguay era un oasis funcional conocido como "la Suiza de América Latina".

En septiembre de 2013, antes del histórico voto en el Congreso de Uruguay que legalizó el cannabis, Mujica habló por primera vez ante la ONU. No pidió un debate y no dijo nada sobre la guerra contra las drogas. No necesitaba hacerlo. Su gobierno ya se aprestaba a hacer historia al poner en marcha un modelo hecho a imagen y semejanza de la ley que el país aplicó para el alcohol en 1910, antes de que Estados Unidos le pusiera fin a la Ley Seca. Con su estilo coloquial, Mujica dio un discurso sobre principios.

"Nuestro mundo necesita menos organismos mundiales, que sirven más a las cadenas hoteleras, y más humanidad y ciencia", pidió.

Unos meses antes, Mujica había brindado con la televisión española una de sus entrevistas más famosas. Ya para esa época su austeridad le había dado fama mundial. Fiel como pocos a su estilo y sus creencias, Mujica desplegó todo el talento de su prosa para criticar al cannabis y defender, a la vez, su política de legalizarlo, sin dejar de hacer una referencia al amor.

"El problema no es la mariguana —comenzó el presidente uruguayo—. La mariguana es una plaga como es el tabaco. Quién va a decir que el tabaco es bueno. […] La mariguana también es una plaga. Ninguna adicción, salvo el amor, es recomendable. Pero están ahí. El problema es lo que hay atrás de la mariguana, el narcotráfico. Si lo dejamos en la clandestinidad, regalamos un mercado. ¿Qué defendemos nosotros? Que se haga cargo el Estado. Si tú sos consumidor, acá tenés una dosis. Si te estás pasando, te controlo. No, m'ijito, marche al hospital, usted se tiene que atender. Y no le dejo ese mundo que lo maneje la delincuencia. El problema es robarle el mercado al narcotráfico como mejor manera de combatirlo. La otra es lo que pasa… encontramos este cargamento, el otro cargamento, el otro cargamento. Le ganamos un montón de batallas, y él nos gana la guerra. Bueno, yo no sé si lo que nosotros planteamos puede contribuir a solucionar el problema. Lo que tengo claro es que 100 años persiguiendo la drogadicción no da resultado. Entonces, hay que ser un poco más pragmático, abrirse la cabeza y decir, bueno, vamos a buscar otros medios".

Mujica nunca ha probado la mariguana, porque, según ha dicho, nunca tuvo la oportunidad de hacerlo. Entre los argumentos que ha brindado para respaldar la legalización de la droga que condena ha hecho hincapié en uno: el principio del menor daño.

Gaviria comparte esta visión: "A mí me gusta, como manera de defender una política diferente, la argumentación europea. ¿Qué es lo que le hace menos daño a la sociedad? Y yo me voy por la que hace menos daño a la sociedad. Porque encontrar una política antinarcóticos o de drogas que uno pueda defender como perfecta es muy difícil. Todo tiene sus puntos negativos, todas las políticas dejan interrogantes. A mí me gusta el tipo de argumentación europeo: hay que comparar una política con otra política, y adoptar la que menos daño le haga a la sociedad. Punto. Así es como se defiende una política. No hay una política que sea buena; todo lo que se puede decir es que es menos mala, es menos dañina para la sociedad, genera menos violencia o genera menos corrupción".

Cardoso y Gaviria muestran su entusiasmo por los experimentos que han despuntado, tanto por el de Uruguay, que decidió crear un monopolio estatal para hacerse cargo de la producción, distribución y control del cannabis, como por los de Colorado y Washington, que impulsaron una industria privada estrechamente regulada. Cardoso no entra en debates y no elige uno por sobre otro, sino que se ciñe a la letra de su informe: no hay que aplicar una receta única, sino adaptar los modelos a las idiosincracias locales.

Ése fue uno de los mensajes que dejó el trabajo de los presidentes para allanar el camino de la legalización. Ninguno de ellos se colocó detrás de una campaña para reformar las leyes del cannabis en Estados Unidos o en sus países. Lo suyo fue brindar argumentos, principios e información para enriquecer el debate, atacar el "imperialismo del control de drogas" e hilvanar una narrativa amistosa sobre la legalización que sirviera para cambiar el tono de la conversación. Para "romper el tabú", la frase y la intención que hicieron propias.

Desde que Cardoso puso la piedra fundacional de las dos comisiones, en 2008, esa discusión sobre el futuro del cannabis se ha intensificado. Colombia, Guatemala y México se han puesto al frente de una ofensiva regional para generar un debate profundo en la política global de drogas. Este debate está previsto durante un encuentro especial que se realizará en la ONU, en 2016, en el que se revisará lo realizado hasta ahora. La Ciudad de México ha tomado el testigo de Uruguay, al comenzar a discutir su propio modelo para legalizar el consumo de la hierba. En tan sólo cinco años, América Latina ha pasado del prohibicionismo y la lucha sin cuartel contra el narcotráfico y los cárteles a perfilar, aunque todavía de manera tímida, un camino distinto. Pero, preocupados por la seguridad, el narcotráfico y el crimen organizado, muchos países se niegan a actuar en solitario.

"No hay que pensar que las cosas van a cambiar rápidamente. Creo mucho en la experimentación. Es necesario probar diferentes alternativas. No hay duda de que vamos a encontrar errores y problemas. Y dificultades", apunta Naím. "De eso se trata, de un proceso en el que las sociedades van experimentando y aprendiendo, y a medida que aprenden van cambiando las políticas públicas".

El debate, afirma Naím, va a continuar porque la legalización no es inminente. "Los académicos, los investigadores van a tener un rol muy importante, van a tomar la masa de estadísticas, de evidencias. [...] Nos van a decir los resultados de lo que funciona y de lo que no funciona, de las ideas que hay que abandonar, de las que hay que seguir. Esto es para mí lo más importante. El debate de los que forman opinión, de articulistas, de políticos respetados también es importante, pero ahora lo que viene es la época de la evidencia". Cuantos más argumentos en contra o a favor, mejor, agrega el analista venezolano: "Antes, la conversación se basaba en yo pienso, yo siento, yo creo, y ahora será: aquí están los números. Vamos a discutirlo".

Fue, en cierta medida, la fórmula que siguieron los presidente para romper el tabú. Actuaron en solitario, se alejaron de las ideologías, los principios dogmáticos y las falaces soluciones únicas en busca de una alternativa racional. Cardoso dice que a ninguno de ellos le resultó fácil. Sus críticos

dicen que lo hicieron mucho tiempo después de haber dejado el poder y de haber liderado la guerra contra las drogas.
Así y todo, fueron los primeros líderes políticos en sepultar
políticamente la prohibición y ungir la legalización.

"Lo más duro fue convencerse a uno mismo y a los miembros de la Comisión de que el proceso que estábamos llevando adelante era correcto, porque había mucha confusión",
recuerda Cardoso.

"¿Qué significa la despenalización? ¿Es posible la liberalización de todas las drogas? ¿Qué se hace con los contra-
bandistas? ¿Cómo seguir dando el combate al narcotráfico?
¿Cuáles son las consecuencias de la apertura en lo que hace
a los negocios? ¿Esto va a incentivar más al narco a actuar
en otros terrenos? Son temas muy delicados y muy difíciles
de tratar. Siempre intentamos llegar al fondo de la cuestión.
El presidente Zedillo insistió mucho en averiguar cuál era la
base científica, cuáles eran los datos de los que disponíamos.
¿Ésa era una opinión o estaba basada en una dato confir-
mado? Fue siempre una preocupación nuestra: no actuar en
términos de 'Yo creo que…', sino actuar basándonos en las
evidencias que demostraban que tal paso era posible".

Mientras los presidentes y los intelectuales discutían, en
Estados Unidos una mujer ya se encaminaba a conseguir la
legalización del cannabis.

LA ARQUITECTA

E L 6 D E N O V I E M B R E D E 2 0 1 2, el día de las elecciones presidenciales en Estados Unidos, un millón 724 mil 209 personas votaron a favor de la legalización total de la mariguana en el estado de Washington. En uno de los rincones más progresistas del país, el cannabis obtuvo más votos que Barack Obama, que ese día consiguió su reelección, y que el matrimonio gay. Fue un triunfo histórico y contundente. Washington y Colorado, el otro estado que también eligió ese día el camino de la legalización, forjaron un punto de quiebre y dieron a los hombres y mujeres que desde hacía décadas luchaban por poner fin a la prohibición y la guerra contra las drogas su victoria más significativa.

En Washington, la madre de aquel triunfo fue Alison Holcomb. Y nunca la palabra "madre" estuvo mejor utilizada: Holcomb diseñó, escribió y promovió la Iniciativa 502, una propuesta de reforma de ley que se aprobó a través de un referendo en el que obtuvo el 55.7 por ciento de los votos a favor. Fue su obra maestra.

En el mundo del cannabis, algunos promueven el cambio, otros hacen negocios con el cambio y algunos hacen todo lo posible para impedir el cambio. Holcomb le dio vida. Fue la arquitecta del cambio, una constructora "controvertida", en sus propias palabras: su triunfo dejó furiosos a los activistas más radicales del movimiento.

Holcomb nunca fue uno de ellos. Abogada, oriunda de Oklahoma, uno de los lugares más conservadores del país —"es la hebilla del cinturón de la Biblia", bromea—, no es aficionada a la mariguana (aunque ha fumado) y trabaja para la poderosa Unión Americana de Libertades Civiles (ACLU), una de las organizaciones estadounidenses más reconocida fuera de las fronteras del país, famosa, entre otros motivos, por su lucha en contra de la discriminación racial, los ataques con drones, o la defensa de la privacidad violada por los programas de espionaje en Internet que la Casa Blanca desplegó en la era de la guerra contra el terrorismo.

Holcomb es, además, una típica *soccer mom*, el apodo que han recibido las madres que llevan a sus hijos a jugar futbol, mujeres estadounidenses de clase media que suelen vivir en los suburbios, alejadas de las ciudades, que dividen su tiempo entre el trabajo, la pareja y los hijos. El hijo de Holcomb aún no había comenzado la escuela primaria cuando empezó a concebir la Iniciativa 502.

Desde sus inicios, la Iniciativa 502 estuvo pensada para mujeres como ella. Pragmática, Holcomb se propuso, antes que nada, diseñar una propuesta que tuviera éxito. Para conseguirlo, supo que tenía que conseguir el respaldo de los hombres y mujeres que, sin ser entusiastas de la mariguana, estaban dispuestos a escuchar alternativas a la guerra contra las drogas, a la que no respaldaban o, mejor aún, detestaban. Con esa idea en mente, Holcomb y su equipo diseñaron una serie de encuestas para conocer mejor a los votantes de Washington y averiguar cuál era el modelo que los hacía sentirse más cómodos con la legalización del cannabis. Querían ver qué quería la gente.

La respuesta que encontraron en los sondeos fue "algo parecido", en las palabras de Holcomb, al monopolio estatal que controló la venta de bebidas alcohólicas en el estado de Washington hasta 2012: un esquema simple y estricto, que permitía el consumo sin incentivar a que la gente bebiera.

"Lo llamábamos el modelo soviético de tiendas de licores", recuerda Holcomb.

Bajo esa premisa, Holcomb diseñó un modelo muy conservador que regulaba al cannabis de la misma manera que el alcohol y el tabaco, pero con algunas restricciones adicionales: las tiendas debían estar a más de 305 metros de las escuelas, guarderías, parques, librerías o patios de juego, y no podían mostrar productos al público en vidrieras o poner publicidad a la vista; el cultivo casero estaba prohibido, salvo para las personas que utilizaran mariguana con fines médicos, y, tal como ocurría con el alcohol, estaba prohibido conducir bajo los efectos del cannabis. Además, los impuestos a la hierba eran más altos: 25 por ciento para cada eslabón de la cadena de comercialización.

Fue tan conservador el modelo que diseñó Holcomb, que el rechazo más fuerte a su propuesta no vino de quienes estaban en contra de la legalización, sino de grupos que estaban a favor y que pensaban que su iniciativa era demasiado estricta, demasiado dura.

El debate no era nuevo. Desde que California abrió la puerta a la legalización al permitir el uso con fines terapéuticos del cannabis, en 1996, la antaño llamada "hierba mortífera" se esparció por Estados Unidos de una forma un tanto dispareja. Cada estado eligió su propio modelo. California impuso un modelo bastante laxo, al punto de que el término que más se utiliza dentro del movimiento para describir el mercado californiano es "un desorden". Colorado es una antítesis: fijó un esquema regulatorio muy ajustado.

Puertas adentro del movimiento, los activistas más radicalizados siempre buscaron una legalización sin regulación. Querían que la mariguana fuera legal. Punto. En la tierra de los libres, querían ser libres. Pero la mayoría, más conscientes, quizá, de que en la tierra de los libres abundan las regulaciones, estaban convencidos de que ese camino estaba destinado al fracaso. De hecho, entre las razones del fracaso de la legalización en California, en 2010, incluían la ausencia de un marco regulatorio estricto que despertara la confianza de la gente en vez de arraigar la noción de que la mariguana se movía en "un caos". Holcomb estaba en este último grupo. No tenía ninguna duda de que una propuesta de legalización debía estar blindada con un chaleco de controles para inspirar la confianza suficiente como para recibir el apoyo de la mayoría de los votantes.

El camino que ha recorrido Holcomb en busca de ese objetivo ilustra, también, el camino que ha recorrido el movimiento.

Holcomb, al igual que Brendan Kennedy, fundador de Privateer Hodings, o los presidentes de América Latina o Ron Paul, no es una activista de pura cepa. No ama al cannabis y no ascendió en el movimiento desde su base, desde dentro. Su iniciativa fue vista, según sus propias palabras, "como si el *establishment* llegara y se metiera a un lugar donde se suponía que estuvieran los activistas de la mariguana".

Holcomb es una de esas personas a las que les preocupa más terminar con la guerra contra las drogas que legalizar las drogas. Siempre dijo que su propuesta era más una iniciativa en contra de la prohibición que a favor del cannabis. Ambos objetivos van de la mano, pero a la hora diseñar una estrategia para alcanzarlos conducen a caminos muy distintos. Y ella había llegado al movimiento desde ese lado.

Después de estudiar en Stanford y en la Universidad de Washington, Holcomb comenzó a trabajar en demandas civiles para una firma que se dedicaba a litigios comerciales en Seattle. No era un trabajo que la entusiasmara mucho y no tardó demasiado tiempo en abandonarlo para trabajar con un abogado reconocido de Seattle, Jeffrey Steinborn, defensor de personas arrestadas por mariguana y una de las caras más añejas de la pelea por la legalización en el estado de Washington. La oportunidad le llegó a través de un antiguo amigo a quien había conocido en la universidad. Sin duda, era un trabajo que le interesaba mucho más. Para conseguirlo, tuvo que atravesar un arduo proceso de selección en el que dejó atrás a más de 100 abogados que se presentaron junto con ella.

Steinborn, que la entrevistó, la contrató y le brindó la puerta de entrada a la lucha contra la guerra contra las drogas, se deshace en elogios: la describe como una abogada ambiciosa, brillante, disciplinada y muy, muy trabajadora.

"A mí me gusta trabajar de noche y ella solía regañarme porque yo no llegaba a la oficina hasta las diez de la mañana, y ella ya estaba ahí desde las siete o las ocho", recuerda. Además del estrecho vínculo profesional, ambos forjaron pronto un profundo lazo afectivo. "Ella es como mi hija", dice Steinborn. El sentimiento era mutuo. En una entrevista con la revista *Seattle Weekly*, Holcomb lo llamó "mi segundo padre".

En el año 2000, la Asociación de Abogados de King County, en Seattle, puso en marcha un proyecto para realizar una evaluación exhaustiva de las políticas sobre drogas y la efectividad de la guerra contra éstas. Steinborn, uno de los abogados con mayor trayectoria de la ciudad en esa área, había sido invitado a participar, pero no pudo ir a la primera reunión. Holcomb lo sustituyó. La propuesta la entusiasmó de inmediato y terminó trabajando para el proyecto de manera voluntaria. Fue el primer paso que dio hacia el mundo donde se tejen las políticas públicas de Estados Unidos. Durante una temporada mantuvo los dos trabajos, pero cada vez resultaba más evidente que no sostendría ese doble papel por mucho más tiempo.

En esos años, en los que se metió de lleno en la realidad de la guerra contra las drogas, Holcomb comenzó a pulir su perfil de activista. Al recordar esa época, habla de la "hipocresía" que vio en la lucha antidroga, del desagrado que le causó conocer de cerca cómo operaban las agencias de seguridad y las "historias horribles" sobre redadas antidrogas en medio de la noche con equipos especiales que destruían puertas y hogares, a veces sin motivos. Empezó a dejar atrás su trabajo de abogada defensora por una ambición mayor: cambiar las leyes contra las que luchaba en los tribunales.

La transición profesional de Holcomb se dio a través de la ACLU. La organización defensora de los derechos civiles en Estados Unidos ya se había sumado a la pelea por la reforma de políticas de drogas bajo el argumento de que era, también, una pelea por la defensa de las libertades civiles. El encarcelamiento masivo y el sesgo racial de la lucha antidroga eran razones más que suficientes para que la ACLU pusiera su reputación, sus activistas y su respaldo financiero a favor de la legalización.

Ese respaldo existía gracias a un mecenas muy particular... Peter Lewis, empresario, filántropo y uno de los grandes financistas del movimiento a favor del cannabis, se había acercado a las oficinas de la organización con la idea de aportar fondos para una cruzada quirúrgica: impulsar iniciativas para legalizar el consumo de mariguana en los estados donde fuera más factible. Washington era uno de esos estados. En 2006, Holcomb se sumó a las oficinas de la ACLU en Seattle y dos años más tarde fue nombrada directora de políticas de drogas. En 2010, comenzó a darle forma a su proyecto.

Ese mismo año, su antiguo jefe, Steinborn, impulsó junto con dos personas más, entre ellas un abogado llamado Doug Hiatt, otro proyecto de legalización que era la antítesis de la propuesta que Holcomb tenía en mente: no imponía impuestos ni regulaciones y simplemente legalizaba la mariguana al eliminar todas las penas por el cultivo, la posesión, el transporte, la venta o el uso de la hierba. Holcomb ya había comenzado a darle forma a un modelo más estricto con la idea de cosechar el apoyo de una coalición amplia y diversa de votantes, y no recibió de buena manera la iniciativa de su antiguo jefe.

En ese momento, Holcomb y Steinborn encarnaron las tensiones entre dos opciones antagónicas de legalización. A principios de 2010, un intercambio de correos electrónicos entre Hiatt y Holcomb dejó las diferencias al descubierto. No era sólo una pelea entre dos colegas o dos activistas: era una pelea entre dos modelos de legalización y dos caminos hacia el futuro.

Hiatt le escribió a Holcomb para preguntarle si la ACLU iba a respaldar la campaña que estaban comenzando a desplegar a favor de su propuesta, llamada Iniciativa 1068, la cual esperaban someter a un referendo en las elecciones legislativas de ese año. Holcomb respondió con seis párrafos concisos y letales que se leían como un áspero comunicado de prensa.

"Creemos que cuando se busca apoyo para un tema tan importante y complicado debe presentarse al público una propuesta cuidadosamente considerada y bien examinada", fustigó la abogada en su respuesta. "Eso no ha ocurrido aquí", cerró.

Holcomb defenestró el proyecto de Steinborn y Hiatt porque carecía de un sistema regulatorio responsable y dejaba que el mercado de la mariguana operara con reglas mucho menos estrictas que las del tabaco o las bebidas alcohólicas. Era "claramente difícil" que la propuesta fuera exitosa, les dijo, y una derrota sería un "revés significativo" para el movimiento.

La ACLU no brindó su respaldo y la propuesta nunca llegó a los votantes.

Ese mismo año, Holcomb comenzó a trabajar en su propia iniciativa. Ninguno de los referentes de la Iniciativa 1068 fue invitado a participar del proceso. Ni siquiera Steinborn, su mentor y su padre sustituto.

"Nos apartó a todos", se queja Steinborn. "Ella es una persona muy ambiciosa. Quería que la iniciativa pasara sin importar las consecuencias. Hizo muchas concesiones que no eran necesarias. Pero es una mujer increíble, y logró algo que nadie había logrado antes", concede.

La Iniciativa 502 fue escrita para ser aprobada. Esa frase se escucha seguido en Seattle. Después de la derrota en California en 2010, la sensación en el movimiento era que no había margen para otro fracaso. Era imperativo obtener un triunfo que revitalizara y le diera fuerza a la causa. Washington, "el estado siempre verde", ofrecía esa posibilidad. Con ese objetivo, Holcomb pulió la propuesta final pensando más en la gente que no estaba enamorada del cannabis, a sabiendas de que el grueso del movimiento y quienes lo respaldaban terminarían por encolumnarse detrás de su proyecto si avizoraban ese triunfo.

Algunos lo vivieron como una derrota. Una de esas personas fue Steinborn.

En el verano de 2012, unos meses antes de la elección, Steinborn se paró en un escenario ante una multitud reunida en Hempfest, uno de los festivales más famosos y populares de Estados Unidos en el que se reúnen los defensores del cannabis, y llamó a la Iniciativa 502 un "intento fraudulento" para legalizar la hierba.

"Me mata, después de 40 años de luchar por la legalización, estar aquí como un idiota, diciéndoles que voten por una ley que se parece a una legalización. Pero les garantizo, si realmente fuera una legalización, yo votaría a favor", bramó.

El rechazo de Steinborn a la idea de Holcomb fue, más que nada, técnico: la carga impositiva sobre el cannabis era tan alta, y las regulaciones sobre la droga tan complejas y costosas —"la regulan como si fuera plutonio", se lamentó—, que Steinborn intuía que el flamante mercado creado por la iniciativa iba a servir sólo para unos cuantos millonarios, mientras que la mayoría de la gente iba a ser arrastrada de vuelta al mercado negro.

Las críticas del núcleo duro del movimiento no hicieron mella en Holcomb, quien actuó con convicción y determinación para llevar su propuesta a las elecciones presidenciales. Nadie, hasta ese momento, había logrado diseñar una hoja de ruta hacia la legalización única, clara y exitosa. Respaldada en las encuestas que le mostraron las preferencias de la gente de Washington, Holcomb diseñó con detalle un modelo que sirviera para seducir a sus *soccer moms*. Por momentos, confiesa, se sintió sola dentro de un movimiento fracturado, dominado por hombres, donde existe, en sus palabras, "algo de mala sangre". Pero nunca se detuvo.

En Washington, el rechazo más duro a su propuesta provino de la comunidad del cannabis. Las personas que consumían mariguana con fines médicos pusieron el grito en el cielo cuando se enteraron de las restricciones para conducir bajo los efectos del cannabis, algo que, para ellos, significaba despedirse de sus coches o arriesgarse a violar la ley. El segundo foco de oposición surgió desde las entrañas de NORML, la más antigua y radical de las organizaciones que pujan por la legalización en Estados Unidos.

Los directivos de NORML intentaron convencer a Holcomb de que quitara la cláusula que imponía restricciones para conducir, similar a las que existen para el alcohol, porque era "arbitraria, innecesaria y poco científica". (Uno de los argumentos que ensayan los activistas en contra de esa regla es que un determinado nivel de THC en la sangre, como el que establecía la Iniciativa 502, no implica que una persona esté incapacitada para conducir, pues los efectos del consumo de cannabis pueden haber desaparecido; además, los usuarios regulares, como las personas que consumen mariguana con fines terapéuticos, tienen un nivel residual de THC en la sangre que algunos estudios afirman no afecta sus capacidades detrás del volante.) Además, intentaron defender el "derecho de los consumidores de cultivar su propia mariguana", una de sus banderas. Todo fue en vano. Holcomb les dijo que sus encuestas marcaban que esas dos cláusulas iban a darle el respaldo necesario para conseguir un triunfo, y que quitarlas pondría en peligro el éxito de la Iniciativa 502.

Al final, NORML optó por el pragmatismo y decidió respaldar el proyecto de Holcomb, dándole una victoria política agridulce: su proyecto se impuso, pero ese éxito terminó por encumbrarla como una figura controvertida dentro del movimiento, al menos para la fracción más radicalizada.

La propuesta de Holcomb consiguió el respaldo de los líderes de las tres organizaciones más importantes: Ethan Nadelmannn, de la Drug Policy Alliance; Keith Stroup, de NORML, y Rob Kampia, de Marijuana Policy Project. El respaldo de Nadelmannn le aportó la espalda financiera de George Soros, que se sumó a la de Peter Lewis, que ya había financiado su aterrizaje en la ACLU. Ambos aportaron fondos para Nuevo Enfoque, una organización creada exclusivamente para la campaña a la que Holcomb se sumó de manera temporal como directora en junio de 2011.

Había llegado la hora de convencer a las *soccer moms*. Había llegado el momento de los 30 segundos de fama de Kate Pippinger.

Pippinger fue la estrella del primer aviso publicitario de la campaña a favor de la Iniciativa 502. Sentada en un café de Seattle, con un periódico sobre la mesa y una taza blanca entre las manos, Pippinger, una mujer expresiva que aparentaba unos 50 años, con un peinado simple y prolijo, de pelo lacio castaño, y un suéter azul oscuro, miró a los ojos a los votantes de Washington y les dijo que había llegado el momento de hablar de la mariguana.

"Se trata de una industria multimillonaria en el estado

de Washington y nosotros no obtenemos ningún beneficio. ¿Qué tal si la regulamos?", propuso Pippinger, con un tono firme y seguro. "Podemos ponerle impuestos para financiar nuestras escuelas y servicios de salud", agregó, sin perder su amable sonrisa.

"Olvídense de Bob Marley: la mamá de Washington Kate Pippinger es la nueva cara del movimiento para legalizar la mariguana", sentenció un artículo de la cadena de noticias ABC, apenas comenzó a circular el aviso publicitario.

Holcomb puso especial énfasis en padres y madres como Pippinger durante la campaña. Sus encuestas le revelaron que muchas familias ya habían asumido que no podían evitar que sus hijos consumieran mariguana y habían empezado a preocuparse por el origen de la hierba. Por eso estaban a favor de la regulación. Era un razonamiento pragmático, una forma de asumir la realidad y buscar alternativas para proteger a sus hijos. La campaña incluso difundió un folleto titulado "¿Qué pasa con los niños? Preguntas que los padres hacen sobre la legalización".

"Nos enfocamos mucho en eso durante la campaña. Fue parte de nuestro trabajo. Se trataba de dar tranquilidad a las personas, de hacerles saber que nos importaba su bienestar, de que entendíamos que estaban preocupados por la salud y la seguridad públicas, por los que podían conducir o ir al trabajo 'fumados'. Y, lo más importante de todo, los niños. Era la principal preocupación de las *soccer moms*. ¿Nuestros hijos iban a empezar a consumir más mariguana y descarrilar sus vidas?", recuerda Holcomb.

Holcomb se enfrentaba a ese temor con una alternativa y una promesa: su modelo estaba pulido, introducía una sistema de controles e iba a ser monitoreado de cerca.

La campaña fue un esfuerzo hercúleo. Ella y su mano derecha, Tonia Winchester, encargada de conseguir respaldos de figuras públicas, políticos y organizaciones, cargaron sobre sus hombros con casi todo el trabajo. En lo más álgido de la campaña sumaron a dos personas más y sólo algunos voluntarios, una ayuda que pudo ser mucho mayor de no haber sido por el rechazo de la comunidad del cannabis a la propuesta de legalización ideada por Holcomb. "La mayor parte del tiempo fuimos ella y yo", recuerda Winchester.

No fue un obstáculo para impedir su rotundo triunfo. La noche de la elección presidencial encontró a Holcomb y a Winchester sonrientes, eufóricas por el logro histórico en el que habían trabajado tanto. El grueso del movimiento terminó por ungirla como una de las arquitectas de la legalización, un desenlace que reflejó el trabajo metódico y consistente de la abogada y el pragmatismo del movimiento.

Holcomb cree que se han zanjado las peleas. El resultado es el llamado "modelo del alcohol", tal como han sido bautizadas las propuestas que impulsan la legalización con un esquema regulatorio estricto. Washington y Colorado encumbraron ese modelo.

En las campañas en ambos estados se escucharon argumentos parecidos: en vez de financiar el negocio de los cárteles de la droga en México, había que legalizar la mariguana como el alcohol y cobrar impuestos para construir escuelas o financiar programas de prevención de la adicción.

En Colorado, Brian Vicente, un abogado que se ha especializado en las políticas sobre el cannabis, y Mason Tvert, director de comunicaciones del Marijuana Policy Project, lideraron una campaña similar a la de Holcomb para impulsar la Enmienda 64, que también consiguió más votos que

Obama en el frío día de noviembre en que se celebró la elección presidencial. Colorado tenía un mercado de mariguana medicinal más regulado que Washington. Eso facilitó el éxito del referendo.

"Invertimos siete años en educar a los votantes respecto a que la mariguana es más segura que el alcohol —resume Tvert—. Sabíamos, desde el principio, que la gente se sentía cómoda con la mariguana".

Las propuestas son parecidas. La diferencia central es la carga impositiva sobre el cannabis: 15 por ciento en Colorado, 25 por ciento en cada eslabón de la cadena de comercialización en Washington. En Colorado, además, está permitido el cultivo casero de hasta seis plantas, con la condición de que no se realice al aire libre.

Tvert minimiza las tensiones alrededor del modelo de legalización. Afirma que existe —y siempre existirá— "una pequeña fracción de personas" que no quieren que el cannabis sea regulado. Es una resistencia marginal. Para Tvert, el concepto de legalizar y regular bajo un modelo estricto es una idea bastante básica, casi obvia, cuando se busca el respaldo para sacar a una droga del mercado negro y crear una nueva industria de la nada.

Un año después de la histórica victoria en Washington, en noviembre de 2013, Holcomb, vestida con un tradicional traje sastre y zapatos de tacón alto, se paró en un modesto escenario frente a un centenar de empresarios que se habían reunido en un hipódromo cerca de Seattle para participar en la segunda conferencia nacional de la industria del cannabis. Ese año, por primera vez, el encuentro había sido bautizado Cannabusiness Conference y había logrado reunir a cientos de empresarios que querían aprovechar el impulso que había cobrado el negocio. Por ese mismo escenario pasarían Steve DeAngelo, Rob Kampia y Brendan Kennedy. Todos se mostraron optimistas sobre el futuro. DeAngelo incluso puso la legalización del cannabis a la par del matrimonio gay: ya no era un tema controversial, sino una realidad que había llegado para quedarse.

Caminando de un lado a otro del escenario, Holcomb ofreció una encendida arenga.

Habló con entusiasmo del avance de la legalización a más estados y del modelo revolucionario que había creado Uruguay, distinto al "modelo del alcohol". Se mostró más que optimista respecto del futuro. Igual, les dijo que no había que bajar los brazos. Les advirtió que el movimiento encontraría una renovada oposición. Personas como Kevin Sabet, figura estelar del prohibicionismo, buscaría "implantar el miedo" en la mente de las personas con la idea de que ellos, los empresarios del cannabis, llevarían a más y más jóvenes a drogarse sólo para hacer dinero. Por eso los instó a practicar un "capitalismo consciente". Les dijo que sus negocios podían obtener ganancias y, además, ayudar a crear un mundo mejor. Los instó a reconstruir la reputación del cannabis, a estrechar lazos con sus comunidades, a ser transparentes y a ampliar el movimiento a las minorías, golpeadas por la guerra contra las drogas.

"Soy una gran creyente en los héroes, y creo que hay muchos héroes aquí", los elogió.

"Como empresarios, como motores del capitalismo —continuó—, ustedes van a poner las primeras piedras en el mundo que van a mostrar cómo va a ser la industria del cannabis. Ustedes son los que van a tomar esa decisión".

El futuro de la legalización estaba en sus manos.

LOS INVENTORES

ANDY JOSEPH no salía de su asombro. El hombre que tenía delante suyo había cruzado casi todo Estados Unidos en su automóvil, desde la bahía de San Francisco, en California, hasta su fábrica de Johnstown, un pueblo pequeño de Ohio, con 50 mil dólares en una vieja caja de bizcochos.

"Jamás en mi vida había hecho un negocio en efectivo, y ahí estaba este tipo, con una caja de Twinkies llena de dinero", recuerda Joseph.

El hombre quería comprar una de las máquinas que Andy fabricaba. Lejos de amedrentarse, Andy cerró el trato, a pesar de que en ese momento le pareció que estaba llevando a cabo un oscuro negocio de drogas. Pero, gracias a ese tipo de negocios, Andy ha construido un pequeño imperio. Pasó de trabajar en su taller con dos ayudantes de medio tiempo a tener una plantilla permanente de 10 empleados. La facturación anual de su empresa aumentó de menos de un millón de dólares a ocho, y después de 11 años sin grandes éxitos su empresa, Apeks Supercritical, multiplicó sus ventas por cuatro y logró romper la marca de 100 equipos vendidos.

"Crecimos orgánicamente", describe Andy, con mucha tranquilidad y un inconfundible acento del medio oeste de Estados Unidos. "Cuando la industria del cannabis despegó, nuestro negocio despegó también".

El hombre que había llegado hasta su fábrica era el dueño de un dispensario de cannabis, y había cruzado casi todo el país en busca de una innovación tecnológica que prometía revolucionar el consumo de la hierba. Así sucedió. Sin quererlo, sin planearlo, Andy Joseph se había convertido en una de las personas detrás de esa revolución.

Antes de crear su empresa, Andy Joseph trabajó durante seis años como mecánico de propulsión nuclear en el submarino *San Francisco*, en las costas de Pearl Harbor, en Hawái. Su ingenio, experiencia y conocimientos de ingeniería lo llevaron a inventar una máquina que, a simple vista, parece sacada de un transbordador espacial o de un laboratorio de biología molecular: son dos tubos de acero brillante con dos pequeños relojes en la parte superior, cables que van de un lado a otro, una pantalla computarizada y un tubo con dióxido de carbono, igual a los tubos de oxígeno que se ven en los hospitales. Todo el aparato está montado sobre una estructura de metal.

El nombre que Andy Joseph le dio a su creación ofrece pocos indicios para entender qué hace: Sistema de Extracción de Fluido Supercrítico. Frente a la falta de atractivo de semejante nombre, Andy Joseph rebautizó su equipo con otro un tanto más comercializable, pero igual de misterioso:

Apeks Supercrítico. Un detalle técnico adicional sobre el aparato tampoco ayuda mucho más: para su equipo, Andy Joseph diseñó una Tecnología de Expansión sin Válvulas, un ingenio de ingeniero, que patentó bajo su nombre.

Detrás del misterio, esos tubos de acero encierran el futuro del cannabis.

La máquina de Andy utiliza dióxido de carbono para disolver productos vegetales, como las flores de lavanda o de las plantas de cannabis, y convertirlos en un aceite viscoso. En la naciente industria del cannabis, ese aceite es la materia prima que se utiliza para elaborar productos comestible y bebibles, ungüentos y cremas, o para "cargar" vaporizadores electrónicos, también conocidos como cigarrillos electrónicos, que de a poco han comenzado a desplazar al tradicional "porro" de papel hecho a mano.

El ritual de tomar un papel para cigarrillos, rellenarlo con un cogollo de mariguana picado, enrollarlo, pasar la lengua por el extremo brillante y gomoso y cerrarlo con los dedos se ha convertido ya en una coreografía añeja, una ceremonia para paladares excéntricos o románticos que miran al pasado con nostalgia.

Andy Joseph nunca pensó que contribuiría a consolidar el futuro del cannabis. De hecho, más que encontrar a la industria, la industria lo encontró a él. Los *ganjapreneurs* estaban ansiosos por desarrollar un negocio que en Estados Unidos comenzaba a ser mucho más —muchísimo más— que el cultivo, la cosecha y la venta de una planta, y fueron detrás de su invención. Sus negocios han comenzado a llamar ahora la atención de un país que se precia de engendrar multimillonarias ganancias gracias a su talento para innovar. Sobran las estimaciones acerca de lo mucho que crecerá la industria en los próximos años. Un auspicioso informe del principal grupo de inversores del país, The ArcView Group, vaticina un crecimiento de dos cifras del mercado legal del cannabis. La prensa habla una y otra vez de la "fiebre verde". Los nuevos emprendedores pueden llegar a tener problemas para operar con los bancos, o tener que ingeniárselas para vivir en una suerte de limbo donde sus negocios son legales en su estado, pero ilegales en el país. Es decir: son legales e ilegales. Pero poco parece importar frente a una buena idea de negocios. La promesa que traen esos millones, la ilusión de crear una industria arrolladora que genere más empleos, más impuestos y más poder económico, brindan razones adicionales a los ojos de los estadounidenses para sacar al cannabis de la sombra.

Andy Joseph lo sabe, pero, por las dudas, aclara: "No soy un activista, ni por asomo. Soy un ingeniero".

La mayoría de sus máquinas han viajado al oeste de Estados Unidos, epicentro de la "fiebre verde". Allí, su diseño se ha topado con competencia. Las máquinas de Andy utilizan dióxido de carbono, pero existen otros sistemas, alimentados con gas butano, que hacen lo mismo. Es una de las grandes discusiones del negocio: cuál es el mejor método para extraer aceite de los cogollos de cannabis. Los defensores de uno y otro método enumeran riesgos y beneficios en un debate más fácil de hallar en una clase de química o botánica que en un fogata con *hippies*.

Una realidad excede el debate: cualquiera que sea el método de extracción, el concentrado que surge, llamado "miel", "cera" o, un tanto más técnico, "aceite de hachís butano" (BHO), es mucho más potente que las flores: puede tener entre un 60 y un 90 por ciento de THC, según CannLabs, una empresa dedicada a la investigación del cannabis.

La miel del cannabis gana popularidad día a día.

Una de las empresas que ha sacado ventajas de la tendencia, y que utiliza las máquinas de Andy Joseph, es Dixie Elixirs, una de las estrellas de la industria. Su dueño y fundador Tripp Keber ya ha sido bautizado con al menos tres pseudónimos en la prensa estadounidense: el *ganja Gordon Gekko*, el *Willy Wonka de la hierba* y el *magnate de la mariguana*.

Keber se ríe de sus apodos al afirmar que le importa más lo que diga su madre: "Una vez me vio en una entrevista en la televisión y me dijo: 'Hijo, pareces un gánster'. Yo le contesté: 'Mamá, soy un gánster'".

Tripp Keber es una máquina de hacer dinero con cualidades innatas de vendedor. Carismático y extravagante —sus trajes cuentan ya con fama propia—, Keber es dueño o participa en más de una docena de compañías en la industria. Todos en el mundo del cannabis lo conocen. Cada vez que su nombre aparece en una conversación, la gente asiente con la cabeza y sonríe mientras dice: "¡Ah, sí! Tripp".

"En este negocio, lo único constante es el cambio", define.

En su juventud, Tripp Keber quería dedicarse a la política. Al terminar la universidad, trabajó para Ronald Reagan, en un grupo a cargo de hacer *lobby* y de recaudar fondos de la Fundación Heritage, una organización ultraconservadora de Washington, D.C. En esa época aprendió a vender. Pero pronto se dio cuenta de que no haría dinero en la política y decidió iniciar una exitosa carrera de negocios, primero en la industria de bienes raíces y luego en la de tecnología. En 2002, su mujer lo convenció de mudarse a Denver. Keber pensaba que era "una ciudad de vaqueros", pero no tardó en enamorarse del lugar. Después de vivir en Washington, Nueva York y San Francisco, encontró la mejor calidad de vida que había tenido hasta ese entonces en Colorado. Cuando llegó el golpe de la Gran Recesión que dejó la crisis financiera global de 2008, Keber, que tenía gran parte de sus inversiones en el sector inmobiliario, comenzó a buscar nuevos negocios y no tardó en olfatear la flamante oportunidad que había abierto la legalización.

"En 2009, 2010, cuando comenzó la fiebre verde, no sabía nada del negocio del cannabis", recuerda.

Cinco años después, Dixie Elixir es un referente ineludible del *cannabusiness*. La empresa vende refrescos, su producto más popular, en botellas de aluminio muy parecidas a las de Coca-Cola Diet; bombones de chocolate; cremas; aceites para masajes; lociones para dolores musculares, gotas sublinguales y píldoras. Todos los productos utilizan el aceite extraído de las flores de cannabis gracias a la máquina creada por Andy Joseph.

Dixie Elixirs crece a una tasa "demasiado alta como para calcularla", dice Keber. (Dixie Elixirs es una compañía privada, como casi todas en el negocio del cannabis, y por lo tanto no está obligada a hacer públicos sus números, como las empresas que cotizan en bolsa. Algunas compañías ya venden sus acciones fuera de los mercados bursátiles tradicionales, en operaciones llamadas "sobre el mostrador"; a principios de 2014, el valor de las acciones de estas compañías se disparó empujado por la inversión especulativa.)

Dixie Elixirs emplea a casi 50 personas. En la fábrica, los empleados usan delantales blancos, gorros, guantes y lentes de vidrio. Keber ha contratado ingenieros, profesionales de la cocina, cultivadores, abogados, contadores, consultores, botánicos y también científicos. La "fuerza intelectual" de la empresa es Shellene Suemori, una bióloga molecular que trabajó antes en proyectos financiados por la NASA.

Es una de las características de la "fiebre verde", similar a la de cualquier otra industria naciente: atraer a profesionales talentosos. Ya no se trata sólo de personas que sueñan con tener una granja en algún rincón de California para dedicarse a perfeccionar hasta el cansancio el cultivo de cannabis. No es ni siquiera un negocio donde las únicas actividades posibles son cultivar, cosechar y vender las flores de la planta. El *cannabusiness* cuenta ahora con universidades especializadas —"Oaksterdam", en Oakland, California, es la más famosa de todas, pero no la única—, una pequeña legión de abogados y contadoras especializados en los avatares del negocio y celebra conferencias y encuentros de inversores, donde los *stands* de los inventores, con las imágenes de sus marcas, sus productos, sus tarjetas, folletos y *souvenirs* se han convertido en algo habitual. Ahora, como en cualquier otra industria, el secreto del éxito pasa por la innovación.

Quizá la más popular sea el vaporizador electrónico, llamado en la jerga *pen*, o "bolígrafo". En vez que quemar la hierba, como un cigarrillo tradicional, el vaporizador convierte el aceite interno en vapor gracias a un atomizador que funciona con una batería de litio. Son menos tóxicos, no hay fuego, no hay cenizas y, quizá más relevante aún para los usuarios de cannabis que quieren ser discretos, prácticamente no hay olor. Citigroup ha considerado al cigarrillo electrónico como una de las diez "innovaciones disruptivas" de los últimos tiempos.

Dixie Elixirs también ha comenzado a participar de ese mercado con su producto Prime Vape Pen. Keber cree que a medida que la industria progrese terminarán por reemplazar el "porro". Es una de las tendencias del naciente mercado: los formatos más novedosos para consumir la droga han comenzado a desplazar a los más tradicionales, los cogollos.

Colorado, el primer estado en implementar la legalización, brinda un atisbo de cómo será el futuro del mercado: habrá cada vez más alternativas para utilizar la droga. Las estimaciones de los hombres y mujeres del negocio indican que allí la mitad del mercado de cannabis lo ocupan productos como los que vende Dixie Elixirs.

"Creo, ilusoriamente, que puedo llevar a esta empresa a ser una compañía de mil millones de dólares en los próximos dos años", sueña Keber. "Cuando la gente me pregunta quiénes son mis competidores, respondo que son las grandes empresas de alcohol y las grandes empresas de tabaco. No me importa el negocio a unas cuadras de aquí que vende helados de mariguana".

Tripp Keber no es el único que piensa en grande.

Uno de sus competidores es otra empresa de Denver llamada OpenVape, que produce y vende vaporizadores electrónicos. OpenVape vende sus productos en tres estados, California, Washington y Colorado. Cada mes vende unos 270 mil "bolígrafos", cifra que ya habrá quedado añeja cuando el lector termine esta oración. La empresa también estima que alcanzará un valor de mil millones de dólares en los próximos dos años.

Tripp Keber no es tampoco el único que encontró talento en la NASA.

Matthew Van Benschoten y Michael Pesce también quisieron crear una empresa de alta tecnología porque conocían demasiadas historias de "cannabistas" aficionados que habían causado explosiones en sus hogares, intentando producir aceite de los cogollos con máquinas que utilizaban gas butano. (El número de explosiones caseras creció a la par del negocio y el avance de la legalización.)

Con esta idea, fundaron Extract Outfitters, un laboratorio ubicado en Lafayette, Colorado, que aspira a profesionalizar la producción de concentrados. "Uno de nuestros ingenieros trabajaba para la NASA. Y en nuestros laboratorios tenemos los mismos equipos que se usan en los satélites", subraya orgulloso Pesce.

"Queremos salir de la imagen de que esto se puede hacer en un garaje", dice Van Benschoten. "La extracción de la resina de cannabis es un proceso científico y debe realizarse en un laboratorio, en un ambiente limpio, libre de chispa, con una circulación constante de aire que garantice la máxima seguridad".

Los dos socios se conocieron de casualidad durante uno de los tantos encuentros de negocios que se hacen para crear contactos entre emprendedores del cannabis. Van Benschoten, de 24 años, tenía varios años de experiencia en dispensarios medicinales en Colorado. Pesce, con diez años más, trabajaba en la sección de hipotecas de un banco y buscaba una oportunidad de negocio.

Pesce confía en el futuro de los concentrados: "Cada vez habrá más aplicaciones que se irán desarrollando y llegarán al mercado".

Además de los emprendedores que han perfeccionado el mercado "inocuo" del cannabis, aún hay empresarios que piensan en el resto del mercado, envuelto en los aromas tradicionales de la planta. Uno de ellos es Ross Kirsh.

Cuando le preguntan a Ross Kirsh, uno de esos empresarios que siempre está pensando en el próximo negocio, qué es lo que va hacer en el futuro, responde: "Ya hice dinero con el sexo, ahora lo estoy haciendo con la drogas; sigue el *rock and roll*".

Kirsh se crió en una familia neoyorquina de emprendedores. Siempre supo que quería tener su propia empresa y, apenas terminó sus estudios, comenzó a trabajar en el peculiar negocio familiar: una de las tiendas de lencería de la revista *Hustler*, ícono de la cultura pornográfica de Estados Unidos. Un primo de su tío cerró un acuerdo con la marca y Kirsh se instaló en Hong Kong para organizar la producción. Había vivido allí como estudiante y le gustaba la ciudad.

De vuelta en Estados Unidos descubrió, gracias a un cliente, una bolsa de plástico a prueba de olores que la gente usaba para guardar la ropa después de su rutina de ejercicios en el gimnasio.

Kirsh tomó ese producto, lo perfeccionó y creó Stink Sack, unas bolsas selladas similares a las que se usan para guardar alimentos en el congelador, con la imagen de Pepé Le Pew, el famoso zorrillo romántico creado por Looney Tunes.

No tardó en darse cuenta de que la industria del cannabis le ofrecía una oportunidad enorme. Kirsh comenzó a ofrecer su producto a los dispensarios de cannabis medicinal y a participar en los encuentros que se realizaban en Estados Unidos para emprendedores e inversores.

Cuando Washington y Colorado legalizaron el consumo recreativo de la hierba, uno de los dueños de un dispensario de Denver que conocía su producto le planteó un problema: necesitaban un contenedor que los niños no pudieran abrir para cumplir con las nuevas regulaciones estatales. Ningunas de las opciones disponibles eran buenas, y le pidió a Kirsh inventar un nuevo producto.

El resultado fue Stink Sack Secure, una bolsa opaca que tiene una cremallera de plástico, la cual queda cerrada al enganchar dos piezas —también de plástico— con un mecanismo que requiere una presión doble para poder abrir la bolsa. El producto era muy parecido a su invento original, pero contaba con ese cierre especial y una cinta que ataba las dos piezas para ofrecer una garantía adicional de seguridad.

Con su invento bajo el brazo, Kirsh acudió a una reunión de inversores en Seattle. Fue un éxito. Apenas terminó el encuentro, se montó en un avión a China y se pasó tres meses trabajando en el desarrollo de la producción y ultimando acuerdos con fábricas. Quería ser el primero en llegar a los mercados de Washington y Colorado cuando comenzaran a vender cannabis recreativo. Esa intensidad dio sus frutos.

"Somos el proveedor número uno de envases para el mercado recreativo de Colorado", dice ahora Kirsh.

Sólo en el primer cuatrimestre de 2014, ya logró vender lo mismo que en todo 2013. Kirsh tiene entre sus clientes a los dispensarios y a las compañías de comestibles, porque, como bien dice, "no se puede meter un *brownie* en un frasco para píldoras". Está a la espera de llevar sus bolsas a Washington y a Oregón, y ha comenzado a hacer negocios con Canadá, uno de los países que ha legalizado el consumo de cannabis para fines terapéuticos.

Kirsh podría llevar una parte de su operación a México, una decisión que, de concretarse, muestra cómo la legalización, además de quitarle una parte del negocio a los cárteles de drogas, generaría nuevos negocios.

"Estamos considerando varios países para reubicar nuestra producción. Probablemente nos vayamos de China porque los costos han aumentado mucho y la calidad del producto es difícil de mantener. Estamos mirando a México porque está más cerca y podemos controlar mejor la producción", apuntó.

La innovación de Kirsh no es la única que nació de una norma regulatoria.

Una de las reglas que ha comenzado a gobernar al cannabis en Estados Unidos es el rastreo minucioso de cada producto desde la planta hasta el mostrador. Es un seguimiento llamado "de la semilla a la venta" que se ha convertido en una de las piedras fundacionales de la industria y los marcos regulatorios que ha creado la legalización: permite controlar que la droga no provenga del narcotráfico y su "exportación" al mercado negro, además de construir un historial para cada uno de los clientes de los dispensarios. De paso, les facilita la tarea a los contadores, al mantener un monitoreo continuo de los inventarios de cannabis.

Dos mujeres, Amy Poinsett y Jessica Billingsley, se han convertido en custodias de la legalización al diseñar un *software* que captura cada suceso en la vida de una planta de cannabis y construye algoritmos mediante una detallada hoja de vida. Desde que la semilla comienza a cultivarse, sus programas informáticos siguen a la droga con un código de barras que vigila cada gramo hasta su destino final.

Billingsley ya había invertido en uno de los primeros dispensarios que abrieron en Boulder, Colorado, en 2009, cuando despuntó la "fiebre verde". Su dueño, además, le había pedido que diseñara un *software* para sus operaciones porque nada se ajustaba a sus necesidades. Billingsley tenía una empresa de tecnología y compartía varios clientes con el negocio de su futura socia, que se dedicada al desarrollo de aplicaciones para Internet.

Ambas comenzaron a hablar de unir fuerzas e involucrar-se en la industria del cannabis. Billingsley le dijo a Poinsett que los dispensarios necesitaban un *software* para rastrear la droga y cumplir con las nuevas regulaciones estatales. "Hagámoslo", le dijo ella, entusiasmada. "¡No puede ser tan complicado!"

Su empresa, MJ Freeway —la Autopista de la Mariguana— tiene ahora tres licencias de *software* que capturan toda la vida de la planta, desde el cultivo, incluidos todos los nutrientes que participan del crecimiento de la planta, la cosecha, su paso por el inventario y su destino a lo largo de la cadena de distribución, al margen de que se fume en cigarrillo, se coma en un comestible o se venda como una flor.

"Nuestro sistema captura todo lo que le sucede a la planta durante todo su ciclo de vida", explica Poinsett. Cada planta está identificada con un código de barra. "Queremos que nuestros clientes tengan las herramientas necesarias para cumplir con las regulaciones".

Su compañía, fundada en 2010, ya cuenta con 14 empleados y 500 clientes en Estados Unidos, Canadá y Europa. Como la mayoría de los empresarios del sector, Billingsley y Poinsett no revelan sus ingresos pero reconocen que su negocio ha crecido más rápido de lo que esperaban. "Teníamos el objetivo de ser el líder de la industria, para Estados Unidos y el mundo. Creo que lo hemos logrado. Ahora queremos ser dueñas de todo el negocio del *software* para cannabis en todo el planeta", desafía Billingsley. Su sueño: cerrar un acuerdo para proveer al gobierno de Uruguay.

El cannabis también ha creado una nueva industria de sabores.

Jane West quiere ser la reina del piscolabis: habla de bocaditos de queso de cabra con chiles poblanos caramelizados, de aperitivos de tocino y tomate con un ligero toque de aceite balsámico, y de pequeñas brochetas de pollo crujiente y maíz dulce que despiertan los sabores más recónditos del paladar.

"Quiero combinar los efectos del cannabis con el placer culinario", dice West, fundadora y directora de Edible Events, una compañía de Denver que organiza eventos gastronómicos temáticos con la hierba.

"La mariguana no es la nueva medicina. Es el nuevo vino, y debe combinarse con buena comida", sostiene.

West quiere aprovechar que el cannabis anima a probar sabores y mezclas atrevidas porque intensifica las sensaciones. "Estamos experimentando todo el tiempo para buscar nuevas combinaciones. No importa que sea salado o dulce, pero tiene que ser espectacular", explica West.

Sus menús incluyen creaciones audaces para entretener las papilas gustativas: bolitas de carne con quesos roquefort, piruletas de pollo con parmesano, jalapeños rellenos con rollitos de bistec.

Las fiestas privadas de Edible Events, a las que se acude de punta en blanco, suelen celebrarse en una galería de arte del centro de Denver. Son encuentros de profesionales de la industria o de amantes de la hierba que buscan algo más elaborado que el *brownie* casero.

"Esto ya no es un jolgorio de adolescentes en sudaderas fumando en el sótano de sus casas. Los consumidores son cada vez más sofisticados y diversos y quieren algo más elaborado", dice West.

Y sobre todo hay cada vez más mujeres aficionadas a la mariguana, que prefieren consumir en vaporizadores electrónicos —discretos, sofisticados—, en ambientes elegantes y en buena compañía.

"El entorno del cannabis aún es muy masculino, pero yo quiero que las mujeres también se sientan libres de consumir", afirma West.

Jane West es un pseudónimo. Hasta principios de 2014 Janet West era sólo Amy Dannemiller, una organizadora de eventos y conferencias para una empresa con sede en Washington, D.C., que prefiere no mencionar. Era una profesional respetada, con una buena carrera, un sueldo de seis cifras, marido y dos niños pequeños. Lo tenía todo.

"Yo era parte de Corporate America", explica West.

Una noche, a finales de 2013, consumió cannabis con una amiga antes de cenar en un buen restaurante. "Nos la pasamos muy bien, disfrutamos muchísimo de la comida y del vino. Bebimos mucho menos y sobre todo no tuvimos resaca", recuerda West. Se dio cuenta de que los comestibles que contaban a la droga entre sus ingredientes eran la fórmula ideal para compaginar su vida social y sus responsabilidades familiares.

"Tengo 37 años, me gusta salir con mis amigas, pero ya no puedo hacer las cosas que hacía cuando era más joven porque al día siguiente tengo que ocuparme de mis hijos", sostiene.

Se le ocurrió la idea de crear un nuevo tipo de *cannabis party*, encuentros con estilo, pensados para que un público profesional pudiera disfrutar de la legalización en un ambiente artístico y glamoroso.

"Pensé que podía organizar un evento al mes. A 100 dólares por persona, me ganaría un dinero extra y además me la pasaría bien", comenta.

En poco tiempo, lo que empezó como un *hobby* se convirtió en una pasión. "Me metí de lleno en el mundo del cannabis y me encantó la gente que conocí".

Durante unos meses, West consiguió mantener su álter ego corporativo, hasta que salió hablando de su nuevo negocio en el noticiero de la cadena de televisión NBC, el más visto de Estados Unidos. Se acuerda perfectamente de la fecha: 26 de febrero de 2014. A la mañana siguiente recibió una llamada de su jefe pidiéndole que renunciara.

"Me convertí definitivamente en Mary Jane of the West, un nombre con el que me identifico y que define perfectamente quien soy ahora y lo que hago", dice West, que no lamenta el vuelco que ha dado su vida ni cuestiona la legalidad del despido de su antigua empresa. "Mi marido y mi familia respaldan lo que estoy haciendo y eso me da mucha seguridad".

A West no le faltan ideas y quiere organizar más eventos. Ha pensado incluso en proponer bodas temáticas de cannabis. "En vez de la típica flor en el ojal, el novio y sus amigos llevarían cogollos que se podrían fumar después de la ceremonia".

Otra buena razón para decir: "Sí, quiero".

EL JUEZ

MARK KLEIMAN piensa un instante sus respuestas. A veces baja la mirada y medita sus palabras mientras se repasa con una mano la copiosa barba canosa. Es un momento silencioso, efímero, que da paso a una verborragia veloz e incesante donde se mezclan el crimen, las drogas y la política.

"Es un buen momento para legalizar de mala manera —dispara el catedrático—. Alguien dijo alguna vez que no hay fuerza más poderosa en la historia que una mala idea a la que le ha llegado su tiempo".

En Estados Unidos, Mark Kleiman es el juez de la mariguana y de la prohibición.

Kleiman es un "crítico amistoso", tal como le gusta llamarse a sí mismo, tanto de la guerra contra las drogas como del movimiento que ha comenzado a enterrarla para abrir un mundo que no se atreve a pronosticar si será mejor que el que llevó a millones de personas tras las rejas y sembró una sangrienta violencia en América Latina, sobre todo en México, en América Central y en Colombia. Kleiman sólo dice que será diferente.

Montado en su papel de crítico por partida doble, Kleiman se ha ganado el recelo de los dos bandos que pugnan por definir la política de drogas del próximo siglo. Él se siente cómodo en ese lugar.

"Fue Orwell quien dijo una vez de católicos y comunistas que tenían una incapacidad para reconocer que alguien que estaba en el otro lado de la discusión, en desacuerdo, podía ser a la vez una persona inteligente e informada. Es la verdadera marca de un fanático".

"Un montón de gente en el lado de la legalización piensa que yo creo lo que ellos creen, pero que estoy en el negocio de decir algo más. Y los otros —continúa— sólo piensan que estoy descarrilado psicológicamente y tengo la necesidad de controlar el comportamiento de las personas. Es muy raro encontrar a alguien que esté totalmente involucrado en el movimiento que reconozca que habrá malas consecuencias, y que tenemos que hacer algo para minimizarlas".

Éste es Mark A.R. Kleiman. Un aficionado a brindar párrafos largos y complejos que, a veces, juegan con los límites del entendimiento, pero que siempre dejan la sensación de ofrecer la última palabra sobre lo que sucede y lo que puede suceder con el avance del cannabis en Estados Unidos.

Kleiman no es un hombre de análisis livianos. Como estudiante, obtuvo tres títulos en políticas públicas: uno del Colegio Harverford, donde se graduó con honores en ciencias políticas, economía y filosofía, en 1972, y dos en la Universidad de Harvard, donde cursó un máster en políticas públicas en la Escuela de Gobierno John F. Kennedy y donde obtuvo su doctorado. Su extensa vida académica profundizó su obsesiva pasión por desmenuzar la realidad hasta su núcleo más crudo.

Uno de sus amigos y antiguo profesor en Harvard, Philip Heymann, lo describe como una de las "estrellas" de su clase, una mente obsesionada con el papel de los incentivos en las políticas públicas, brillante e inventiva. "Siempre piensa fuera de las posibilidades existentes", resume.

Fue en Harvard donde Kleiman comenzó a convertirse en un talentoso aplicado de las políticas públicas, un experto en los vaivenes del crimen en Estados Unidos y en el andamiaje destinado a controlar el consumo de drogas. Desde ese lugar se metió de lleno en la pelea entre legalizadores y prohibicionistas.

Una de las mejores descripciones sobre el papel que juega Kleiman apareció en un artículo en la revista *The New Yorker*, y salió de la boca de Ethan Nadelmann, profeta de la legalización, que comparte alma máter con Kleiman: "Mark siempre ha caricaturizado el debate sobre las drogas como los halcones por un lado y las palomas en el otro, y él es el búho sabio sentado en medio".

El búho llegó hasta ese lugar porque así lo quiso su carrera en políticas públicas, no porque tuviera fibra de legalizador o de prohibicionista.

"Me coloca en una posición peculiar", dice. "La mayoría de las personas que se involucran en la política de drogas tienen algún tipo de razón personal para hacerlo. Tienen un hermano que se convirtió en adicto o tienen un hijo que está en una cárcel. Corregir la política de drogas es la pasión de su vida y ya saben cuál es la respuesta. Es, en su opinión, lo que los hubiera ayudado en su situación personal. No es mi caso, y eso es algo que deja a un montón de gente molesta conmigo".

Kleiman lleva años estudiando el impacto de las políticas públicas sobre el narcotráfico, el crimen y la adicción. Pocas mentes se han mantenido tan activas durante tanto tiempo en el debate, o han tenido una producción intelectual tan prolífica sobre las políticas de drogas. Kleiman ha escrito artículos académicos, un puñado de libros, artículos de opinión en periódicos y revistas del país, ha dado innumerables entrevistas y ha fundado una consultora que ha asesorado a políticos y organismos públicos, incluida la Junta de Control de Licores de Washington, que diseñó el marco regulatorio para el mercado del cannabis en ese estado.

Pragmático y afín al sentido común, Kleiman ha intentado mantenerse lo más lejos posible de las pasiones y los extremos ideológicos que por momentos tiñen el debate sobre la política de drogas en aras del mensaje que le ofrecía el análisis de los datos duros de la realidad.

El párrafo de un libro que Kleiman escribió junto a otros tres colegas, *Legalización de mariguana: lo que todo el mundo necesita saber*, da una pauta de esta forma de mirar las políticas públicas: "La misma droga puede ser a la vez útil y dañina: útil en algunos momentos y dañina en otros; útil cuando se le utiliza cuidadosamente pero peligrosa si hay abuso; útil para algunas personas y dañina para otras. Quizá el enfoque menos constructivo —y ciertamente el más común— para escribir sobre la mariguana es comenzar desde el deseo de 'probar' que es el origen de todos los males o la cura de todos los males".

Kleiman nunca fue amigo de la prohibición. Ya en 1979, antes de iniciar su vida académica, mientras trabajaba para el Departamento de Justicia, escribió memorandos que criticaban la aplicación agresiva de las leyes en contra de la mariguana. En 1983, cuando Nancy Reagan lanzó la campaña *Just Say No*, Kleiman abandonó su trabajo con el gobierno federal y se dedicó a terminar su doctorado en Harvard. Su trabajo en el gobierno se convirtió en su tesis y luego en su primer libro, dedicado a los costos del abuso y del control de la mariguana. Kleiman reconocía los beneficios de la legalización pero, a la vez, advertía del riesgo de un potencial aumento en el consumo y en el abuso. Tres décadas después mantiene el mismo análisis.

En 1995, Kleiman cambió de costas, dejó Boston y Harvard por Los Ángeles y la Universidad de California, donde ahora enseña análisis de políticas públicas y políticas para el control del abuso de drogas y el crimen. Kleiman llegó a California justo un año antes de que sus votantes aprobaran, en un referendo, la Propuesta 215, que permitió el consumo de mariguana para fines médicos y le dio al movimiento una victoria que abrió la puerta a todo lo que vino después.

El referendo cambió la historia y el perfil de California, que se convirtió en el hogar del cannabis en Estados Unidos: es el principal productor, consumidor y exportador de mariguana del país. Tres de sus condados, Mendocino, Humboldt y Trinity, se han ganado el título de "Triángulo de la Esmeralda", por la cantidad de granjas de cannabis que albergan, y Oakland fue refundada bajo el nombre de "Oaksterdam".

En California, Kleiman terminó de convertirse en uno de los principales expertos en crimen y política sobre drogas de Estados Unidos. Kleiman ha argumentado en contra de muchas políticas que han convertido a Estados Unidos en el país del mundo con la mayor cantidad de personas tras las rejas y ha criticado la prohibición a las drogas.

Pero Kleiman tampoco es un gran amigo de la legalización.

"Cuando la gente me pregunta si estoy a favor o en contra de la legalización de la mariguana, ése es el momento en el que digo que no. No estoy a favor o en contra de la legalización de la mariguana. Es más complicado que eso. En realidad, mi sesgo cultural es a favor, pero eso no quiere decir que vaya a resultar bien en la práctica", sostiene. "Creo que el experimento de Washington terminará en más lágrimas de las necesarias. Pero eso no quiere decir que prefiero el sistema actual. La legalización es una buena idea, pero depende de cómo se haga".

Kleiman no ve con buenos ojos el camino que ha comenzado a seguir Estados Unidos para poner fin a la prohibición y desandar la guerra contra las drogas. Cree que el "modelo del alcohol" es el peor desenlace posible que puede ofrecer la legalización.

Como muchas otras personas involucradas en el debate, Kleiman tiene un puñado de frases que resumen sus ideas. Una de sus reflexiones, quizá la más relevante, es que el "modelo del alcohol" promoverá el abuso en el consumo del cannabis. La industria del alcohol, suele recordar Kleiman, obtiene el 80 por ciento de sus ingresos del 20 por ciento de los consumidores, los más asiduos, incluidos los alcohólicos. "La única manera de vender mucha mariguana es crear muchos mariguaneros", ha dicho. Éste es el principal temor que le despierta la legalización.

Por esto, Kleiman mira con mejores ojos lo que ha hecho Uruguay, donde el gobierno de José *Pepe* Mujica ha creado un monopolio estatal que produce, distribuye y regula el consumo de cannabis. O lo que ocurre en España, donde se permite el cultivo de cannabis casero o en cooperativas y el intercambio sin búsqueda de ganancias, una alternativa también contemplada dentro del modelo uruguayo.

Kleiman no cree que las grandes tabacaleras o las grandes compañías que elaboran bebidas alcohólicas vayan detrás de las ganancias que promete el cannabis en Estados Unidos. Su preocupación se resume en dos palabras: *Big Marijuana*, una frase forjada en la eficiencia que caracteriza a la jerga corporativa de Estados Unidos y que de un plumazo cumple al pie de la letra con la tarea de colocar al cannabis a la par del tabaco, los medicamentos o las bebidas alcohólicas.

"Vamos a tener compañías de cannabis con la misma ética que las grandes tabacaleras y menos restricciones", advierte.

Basta con mirar un rato la televisión un día cualquiera para encontrar uno de los motivos de esta preocupación. Estados Unidos es uno de los pocos países donde se permiten avisos publicitarios de medicamentos que se venden bajo receta, o lo que se conoce como "publicidad directa al consumidor". Esas publicidades están reguladas por la Administración de Medicamentos y Alimentos (FDA). Una seguidilla de avisos promocionan pastillas para dejar de fumar, prevenir ataques de corazón, controlar la diabetes, aliviar la depresión, luchar contra la gripe antes de que aparezca, controlar las alergias o, por supuesto, encender ardores apagados con el famoso Viagra, una de las innovaciones más populares que ha dado la industria farmacéutica del país. Cualquier enfermedad, real o dudosa, tiene una solución en la televisión estadounidense.

Ese fenómeno está arraigado, en parte, en la Constitución de Estados Unidos. Pocos principios han influido tanto en la historia del país como la Primera Enmienda de la carta magna, que garantiza la libertad de expresión, piedra fundacional de la "tierra de los libres".

Las publicidades estuvieron despojadas de las protecciones que ofrece la Primera Enmienda hasta la década del 70, cuando la Corte Suprema de Justicia amplió, con algunas restricciones, los alcances de la libertad de expresión "discurso comercial".

"¿Se siente una sombra de sí mismo? ¿Ha perdido su apetito por el romance? ¿Su humor está de capa caída? Puede ser que no sólo esté envejeciendo… Puede ser que sufra de una condición llamada Low-T".

Así comienza uno de los avisos publicitarios de un producto para tratar la caída de los niveles de testosterona, uno de los síntomas de la vejez en los hombres. Un estudio realizado por la Universidad de Texas reveló que las prescripciones de medicamentos para elevar la testosterona crecieron más de tres veces entre 2001 y 2011, tendencia impulsada, en gran medida, por las publicidades directas a los consumidores.

¿Se venderá algún día el cannabis como un paquete de Marlboro, pastillas de Viagra o uno de los medicamentos para tratar "Low-T"?

Algunos de los referentes de la legalización reconocen los riesgos. Ethan Nadelmann cree que es necesario tener esquemas regulatorios suficientemente sólidos para prevenir la "marlborización" del cannabis. Alison Holcomb insiste en promover un "capitalismo consciente". Brendan Kennedy asume que el esquema de prohibición de publicidad que eligieron Washington y Colorado será el modelo hacia delante, y si bien aboga por un consumo responsable, dice que espera que "la industria no siga el camino de Joe Camel".

Hasta ahora, Estados Unidos ha buscado evitar eso. En Washington y Colorado, el "modelo del alcohol" que avalaron los votantes en noviembre de 2012 prohíbe la publicidad directa de la mariguana. Más aún: se prohíbe mostrar la hierba en las vidrieras de los dispensarios. Pero los límites a la publicidad aprobados por los votantes, que casi con certeza será replicada en otros estados de Estados Unidos, como anticipa Kennedy, bien podría ser declarada inconstitucional por los tribunales.

Otro riesgo: el precio del cannabis en Estados Unidos disminuirá. Esto, argumenta Kleiman, favorecerá el aumento del consumo, salvo que se diseñe un impuesto que mantenga el precio de la droga constante. No es su única idea: los impuestos al cannabis deberían estar atados a su contenido de THC y, así, serían más altos para los productos más potentes. (La potencia promedio del cannabis incautado por el gobierno federal de Estados Unidos ha subido año tras año. En 2011, el contenido promedio de TCH era del 11.9 por ciento, según las últimas cifras del Proyecto de Monitoreo de Potencia de la Universidad de Misisipi.)

Washington y Colorado han sido sólo el principio de la legalización. Más estados seguirán el mismo camino y nadie puede predecir a ciencia cierta qué ocurrirá con el *collage* de leyes y modelos regulatorios que han florecido —y florecerán— en Estados Unidos. Para Kleiman, la Casa Blanca hizo lo correcto al dar luz verde a los experimentos de los estados, considerados, en Estados Unidos, "laboratorios de la democracia".

Pero permitir el avance de la legalización estado por estado, con Washington como un espectador inerte, puede resultar "en una monstruosidad". Kleiman, que siempre se da margen para la ironía, lo resume en uno de sus artículos de manera letal, recurriendo a una historia de terror: "El Doctor Frankenstein también tenía un laboratorio".

Eso no es todo.

"El peligro es que empecemos a ver técnicas de *marketing* agresivas que funcionen. Yo espero ver mucho *marketing* social que es muy difícil de regular", agrega Kleiman. Para dar una idea más concreta de lo que está hablando, Kleiman ofrece una anécdota. Una de sus estudiantes en la Universidad de California en Los Ángeles (UCLA), muy atractiva, recuerda, comenzó a llamar su atención porque llevaba un vestuario diferente todos los días. Y era ropa de diseño, "lujosa". Una vez que la conoció lo suficiente, le preguntó y descubrió que las marcas le pagaban para que usara su ropa. "¿Crees que las compañías de cannabis no van a salir con eso? Es lo que vamos a ver. Formas sutiles de convencer a la gente de que fumar hierba es lo más genial que hay", afirma.

Para Kleiman, ése es el principal riesgo que ha abierto la legalización: que la industria del cannabis —no todos sus integrantes, sino algunos, lo cual es más que suficiente— termine por engendrar un nuevo conglomerado corporativo, *Big Marijuana*, que aliente el abuso en el consumo de la droga más popular del planeta con un coctel explosivo de falta de escrúpulos, codicia, millones de dólares y, llegado el caso, la protección legal para desplegar todo el poder que encierra la manipulación de los consumidores a través de la publicidad.

"Puedo imaginar un esquema regulatorio que prevenga el abuso en el consumo —dice Kleiman—, pero hay dos interrogantes fundamentales: saber si el esquema pasará la prueba del discurso comercial y si será adoptado y ejecutado".

Así como Kleiman está convencido de que el sistema de prohibición que guió la guerra contra las drogas está agotado, cree que el "modelo del alcohol" necesita mucho más ajustes para prevenir el abuso en el consumo de cannabis. Es el talón de Aquiles del giro histórico que ha dado Estados Unidos.

Allí estará la discusión, sostiene, porque, para él, la legalización es un hecho. Es sólo cuestión de tiempo. Ofrece, como prueba, un resultado que pasó desapercibido en la noche del 6 de noviembre de 2012. En Arkansas, un referendo para permitir la mariguana medicinal fracasó por muy poco, al conseguir casi el 49 por ciento de los votos. "Cuando el cannabis obtiene el 49 por ciento de los votos en Arkansas… Bueno, ya no estamos en Kansas", bromea, recurriendo a la famosa frase de *El Mago de Oz*.

Pero ¿qué mundo encontraremos del otro lado de la legalización?

"Vamos hacia un mundo diferente", responde Kleiman. "Algunas cosas van a ser mejores y algunas cosas peores. Y aun si pudiera decir con posterioridad cuál es el aumento en el abuso de drogas y la menor cantidad de arrestos y el mayor o menor consumo de alcohol, todavía tienes que decidir cómo ponderar un año adicional de adicción en contra de un año menos de cárcel, y no hay una métrica natural para poner a los dos juntos. Así que lo que yo prometo es que tendremos un mundo diferente, pero si es mejor o peor depende en parte de decisiones políticas que todavía no hemos tomado, de incertidumbres que no hemos resuelto y que no podremos resolver a menos que realicemos estos experimentos [de legalización], y de evaluaciones en las que no soy más experto que los demás. Así que no puedo trazar una línea final".

No hay que pasar por alto el hecho de que Kleiman, una

persona que ha dedicado tres décadas de su vida al análisis del crimen, la adicción, el encarcelamiento masivo, el narcotráfico y las drogas, ofrezca reparos sobre la legalización. Lo hace en su papel de "crítico amistoso" del movimiento.

No es el único, aunque el otro gran crítico es mucho menos amistoso con el movimiento.

Se trata de Kevin Sabet, bautizado por la revista *Salon* como "el mariscal de campo del nuevo movimiento antidrogas".

Sabet también es especialista en políticas públicas, pero, a diferencia de Kleiman, ha estado involucrado de manera directa en la guerra contra las drogas, al trabajar para la Oficina Nacional de Políticas de Control de Drogas (ONDCP, por sus siglas en inglés) con tres administraciones, las de Bill Clinton, George W. Bush y Barack Obama.

En enero de 2013, fundó una organización, Project SAM, dedicada a ponerle un freno a la ola de legalización. (SAM son las siglas en inglés de "Enfoque Inteligente para la Mariguana".) Esa organización tiene como presidente a una de las últimas figuras de la dinastía Kennedy, Patrick Kennedy, hijo del difunto senador Edward Kennedy y sobrino de JFK. Bipolar, y alcohólico y drogadicto recuperado, Kennedy es otra de las figuras nacionales que se ha levantado en contra de la legalización.

A Kleiman lo respetan dentro del movimiento para legalizar el cannabis. A Sabet no lo quiere nadie. Para los que están a favor de la legalización, Sabet es el nuevo enemigo, la nueva cara de los prohibicionistas y de la guerra contra las drogas, a la que ni siquiera él defiende del todo.

"La industria del alcohol, del tabaco y del juego hacen su dinero con la adicción. Lo mismo va a suceder con la mariguana", sostiene Sabet. "El movimiento para legalizar la mariguana está dando lugar a una nueva industria del tabaco, una nueva industria del alcohol. Estas industrias sólo hacen dinero con la adicción, no con los usuarios responsables. La industria de la mariguana sería igual, lucraría con la adicción. No creo que eso sea en interés de la salud pública".

Aunque aparecen unidos en la crítica de la legalización, Kleiman y Sabet no coinciden en mucho más. Kleiman es un académico y un reconocido experto en crimen y políticas de drogas y una figura controvertida pero respetada dentro del movimiento que quiere sacar al cannabis de las sombras. Kleiman responde a las preguntas como un profesor preocupado por deshojar la respuesta punto por punto. Sabet responde como lo haría un político, recostado en frases diseñadas para cumplir con sus objetivos. Ambos se conocen y se llaman por su nombre, aunque Kleiman también suele referirse a Sabet, no sin un dejo de ironía, un "guerrero antidroga".

Los dos mantienen un diálogo amistoso que no está exento de tensiones. Kleiman le dice a Sabet que debería aceptar que ha perdido y sentarse a negociar un acuerdo con los líderes del movimiento. Sabet se niega a aceptar la derrota.

"La gente se está dando cuenta de que no son todos arcoíris y unicornios, y que los que trabajan para legalizar la mariguana van a tratar de perseguir la legalización de todas las drogas. Una vez que el pueblo estadounidense vea que quieren legalizar la cocaína, la heroína, la metanfetamina y demás, va a cambiar de opinión y va a dar la vuelta".

Sabet reconoce que la legalización lleva la delantera y que el movimiento ha logrado tomar impulso. Pero cree que los hechos acabarán por darle la razón. No habla en contra de la legalización de manera directa, sino que habla de adoptar un "enfoque equilibrado" para reformular la política pública sobre drogas de Estados Unidos, evitando los dos extremos del debate: los que quieren legalizar las drogas y crear un negocio, y los que esperan mantener la prohibición y la guerra contra la drogas.

Sabet también critica la velocidad con la cual Estados Unidos ha avanzado hacia la legalización y propone hacer una pausa para profundizar el debate y "eludir soluciones simplistas para un problema complejo". No avala la despenalización del cannabis, pero sí una reforma legal que aliviaría los castigos que imponen las leyes actuales.

Sabet parece querer vender una versión 2.0 de la guerra contra las drogas, y cree que puede hacerlo. "La pelea todavía no ha terminado", desafía. En busca de un triunfo, persigue una doble estrategia: criticar la legalización y promover su "enfoque inteligente".

Uno de los puntos más sólidos de su mensaje es la advertencia, similar a la de Kleiman, sobre el riesgo de que la industria del cannabis promueva el abuso en el consumo de drogas para obtener mayores ganancias.

"El gobierno no puede controlar el alcohol y el tabaco. He trabajado para tres presidentes, el *lobby* de estas empresas es tan poderoso que no se puede parar. Intenta regularlos, y te dicen que si intentas detenerlos te van a tirar encima 50 mil millones de dólares y van a crearte una pesadilla política. No se puede hacer".

La otra luz de esperanza que ofrece Sabet proviene del pasado, de los años 70, cuando la despenalización de las drogas avanzó con Jimmy Carter en la Casa Blanca. Esa tendencia quedó sepultada cuando Ronald Reagan volvió a lanzar la guerra contra las drogas de Richard Nixon. Sabet cree que algo similar volverá a suceder esta vez.

Mark Kleiman también piensa que habrá baches en el camino, pero duda mucho de que la prohibición vuelva a ser una opción viable. No ve en el escenario político del país un elemento que frene la ola que se desató en California en 1996. "No vamos a volver", dice con firmeza. Es probable que la legalización, tal como está ocurriendo en Estados Unidos, "sea un desastre, como el alcohol es un leve desastre, pero no va a ser un desastre espectacular". Tan convencido está, que toma con ironía el vaticinio de los "guerreros antidrogas", quienes apuestan a que el camino de la legalización conducirá a una catástrofe que llevará al país de regreso a la prohibición.

Kleiman se ríe del pronóstico: "Les digo que deben haber estado fumando algo".

EPÍLOGO

A FINALES DE MAYO DE 2014, en una galería de arte de Denver, la Orquesta Sinfónica de Colorado inauguró una nueva serie de conciertos: Classically Cannabis. El programa de actuaciones incluyó *Así habló Zaratustra*, el poema sinfónico de Richard Strauss; obras de Bach, Puccini y Debussy. La cita sirvió además de evento recaudatorio para la orquesta, que esperaba atraer a los nuevos inversores de la "fiebre verde". Unas 300 personas acudieron al coctel. "Ésta no es una fiesta *ganja*", aseguraba Justin Bartels, primer trompetista de la orquesta. "Todo es muy respetable".

En tan sólo cinco meses, después de que Colorado comenzara a vender mariguana para fines "recreativos" en enero de 2014, el cannabis parecía haberse integrado sin problemas ni sobresaltos a la vida cultural de la ciudad, dejando atrás su pasado *hippie*, alternativo e inmoral. La naturalidad con la que se vivieron los conciertos de la Orquesta Sinfónica resaltaba el buen andar de la apuesta que habían hecho los votantes en noviembre de 2012. Las ventas de cannabis, que iban viento en popa, aportaban millones de dólares a las arcas estatales. El crimen había disminuido, sin interrumpir un paulatino descenso iniciado antes de la legalización. Denver no había caído en la perdición, aunque sí se respiraban nuevos aires, aires de riqueza y aventura, con el aroma muy reconocible de la hierba.

Mozart bien puede haber sustituido a Bob Marley como acompañamiento musical del cannabis, pero aun es pronto para saber si los experimentos de Colorado y Washington —que había puesto en marcha su legalización apenas unos días antes del cierre de este libro— serán la excepción o la regla de un fenómeno que apenas ha comenzado a transitar sus primeros meses de vida. La legalización aún está en pañales. El movimiento a favor del cannabis ha conseguido grandes logros, pero aún debe enfrentarse a grandes retos.

Detrás del éxito del avance de la legalización, el principal logro de los nuevos militantes del cannabis ha sido cambiar los parámetros del debate. Antes, el cannabis era visto como una amenaza para la sociedad. Ahora, para muchos, no todos, es un símbolo del fracaso de la guerra contra las drogas, una fuente de alivio para problemas de salud como el cáncer, el insomnio o la epilepsia, o una oportunidad de hacer negocios. El movimiento ha logrado arropar a la hierba en una narrativa y un aura de valores que resuenan bien en la sociedad estadounidense, como la libertad —para consumir cannabis, si se quiere—, la innovación —para darle forma a una nueva industria— y la rebeldía en el desafío al *statu quo*. Todo enmarcado en historias de personas de carne y hueso.

Washington y Colorado han ampliado y han enriquecido la conversación sobre la política de drogas. Y el debate cobra cada vez más protagonismo. No hay un día en que la prensa estadounidense no dedique un artículo, un panel de expertos, un video o una columna de opinión a la mariguana. El último espaldarazo: la junta editorial del periódico *The New York Times* avaló el fin de la prohibición con una serie de artículos publicados en julio de 2014.

Todo eso ha contribuido a la desaparición del estigma moral.

El cannabis ya no es la "hierba mortífera" que destruye las familias estadounidenses y socava los cimientos morales de Estados Unidos. En 1936, *Reefer Madness*, una película que se ha convertido en un clásico de la propaganda prohibicionista, contaba la lenta caída en desgracia de unos estudiantes que se atrevían a fumar mariguana (la película puede verse gratis por YouTube). En los 70, al lanzar su guerra contra la drogas, el presidente Richard Nixon consideraba la mariguana parte de la cultura *hippie* que estaba destruyendo el país, un arma de los comunistas, un flagelo tan "inmoral" como la homosexualidad, un "enemigo de las sociedades fuertes" que era necesario combatir por todos los medios.

Ahora, las ventajas o desventajas de legalizar el cannabis se miden por otros criterios: sus virtudes médicas y su impacto en la salud pública, su efecto en la economía, al crear negocios nuevos y apuntalar la recaudación de impuestos, y su potencial para ayudar a desarmar el sistema de encarcelamiento masivo, visto como un problema y no como una solución, o torcer la conversación sobre la guerra contra las drogas. También, su efecto sobre el narcotráfico y la narcoviolencia, mucho más difuso e incierto.

Los legalizadores han contribuido a este cambio en el debate, tanto por lo que dicen como por quienes son y por lo que hacen.

Una madre de familia como Joyce Strickland o un ex policía como Neill Franklin son paladines inesperados de una causa que lucha contra viejos estereotipos. Las tesis de profesores como Ethan Nadelmannn o Mark Kleiman le han dado otra jerarquía al diálogo; los argumentos de Alison Holcomb o Ron Paul han aportado nuevos puntos de vista, y el espíritu emprendedor de un MBA como Brendan Kennedy, Kayvan Khalatbari o Tripp Keber han validado nuevos modelos de negocio. Fernando Henrique Cardoso le dio forma a un grupo que brindó respaldo político e intelectual a la reforma.

Y el apoyo a la reforma de la opinión pública, que adoptó el nuevo "consenso del cannabis", sigue consolidándose. Una reciente encuesta del periódico *The Wall Street Journal* apuntaba que los estadounidenses consideraban al alcohol, al tabaco e incluso al azúcar, en un país aquejado por altos índices de obesidad, más peligrosos que los "porros".

En la capital estadounidense también se habla mucho más del cannabis. En el Congreso se respira otra actitud. A finales de mayo de 2014, libertarios, republicanos moderados y demócratas en la Cámara de Representantes juntaron sus votos para prohibirle al Departamento de Justicia entorpecer los esfuerzos de los estados que avalaron el uso de la mariguana para fines médicos, un tímido intento por tratar de poner un poco de orden entre las leyes federales, que prohíben terminantemente el cannabis, y las legislaciones estatales y locales, que la permiten. Por primera vez, una iniciativa del Congreso le puso límites legales a la DEA.

Ante el giro de la opinión pública, los congresistas —que,

como bien subrayaba Ron Paul, siguen la opinión de sus votantes en vez de anticiparla— están ahora más dispuestos a discutir reformas a las leyes que rigen el día a día de la hierba. Hoy, ya es plausible pensar en el día en el que el Congreso modifique la Ley de Sustancias Controladas de 1970, que criminaliza al cannabis, al que coloca a la par de la heroína, le niega todo potencial médico y define como una droga con alto potencial adictivo.

Mientras tanto, la legalización seguirá su propio curso. Las próximas etapas ya cuentan con una fecha. Alaska y Oregón tienen previsto seguir los pasos de Washington y Colorado y legalizar el cannabis para permitir su consumo recreativo antes de finales de 2014, en dos referendos que se realizarán junto con las elecciones legislativas de noviembre. Dos años más tarde, en 2016, llegará otro punto de inflexión. Ese año, la legalización tiene una triple cita: una en el escenario internacional y dos en Estados Unidos.

En 2016, Naciones Unidas, que de momento ha observado los acontecimientos desde la tribuna, dedicará una sesión especial de la Asamblea General al problema mundial de las drogas. Esa sesión especial iba a celebrarse en 2019, pero por una petición expresa de los presidentes de Colombia, Juan Manuel Santos; Guatemala, Otto Pérez Molina, y México, Felipe Calderón, se adelantó.

Los motivos que invocaron los presidentes fueron los cambios que experimentaba la región, azotada por la narcoviolencia, junto con la necesidad de abordar nuevas soluciones ante el fracaso de la visión impuesta desde Estados Unidos y un mayor protagonismo de América Latina en el diseño de una nueva política global de drogas. Ese protagonismo ha chocado en la ONU con la presión de Estados

Unidos y de Rusia, dos potencias con poder de veto en el Consejo de Seguridad del organismo.

En una declaración formal, los tres mandatarios pidieron "revisar el enfoque" de las actuales políticas de drogas y llamaron a la ONU a "ejercer su liderazgo [...] y llevar a cabo una profunda reflexión para analizar todas las opciones disponibles, incluidas medidas de regulación del mercado, para establecer un nuevo paradigma" que frenara el "flujo de recursos a grupos involucrados en el crimen organizado".

El debate de 2016 tendrá una antesala un año antes, en abril de 2015, en la reunión de la Oficina de Naciones Unidas contra la Droga y el Delito (ONUDD) que se celebrará en Catar. La ONUDD, con un fuerte vínculo con Rusia —su líder es el ruso Yuri Fedotov—, representa la ortodoxia legal y ha condenado las iniciativas de legalización.

El programa provisional del encuentro, que se celebra cada cinco años, sólo menciona justicia penal y prevención del crimen, pero nadie duda de que los nuevos experimentos que permiten el uso del cannabis para fines "recreativos" y el empuje que ha conseguido la mariguana medicinal en Estados Unidos serán temas centrales de esta cita, sino de manera oficial, al menos en los pasillos, donde suelen tomarse las auténticas decisiones en esos foros.

Nadie espera una reforma de la Convención Única en 2016, pero el encuentro, que se realizará en Nueva York, le dará más fuerza y visibilidad al debate. En esta reunión se verá por primera vez el impacto de las experiencias llevadas a cabo en Estados Unidos y Uruguay. La situación puede parecer un tanto compleja, pero, en realidad, no lo es. Los dos países han firmado la Convención Única sobre Estupefacientes de 1961, el tratado que estableció las bases de cooperación mundial para controlar la producción y el tráfico de drogas. Ese acuerdo llama también a "proteger la salud y el bienestar públicos", y puede ser modificado para brindar más libertad a los experimentos de legalización del cannabis. O, directamente, ignorado, como lo ha hecho Uruguay. Existe un precedente: Bolivia, bajo la presidencia de Evo Morales, decidió abandonar la Convención en junio de 2011 para reivindicar la práctica ancestral del masticado de coca, y se reintegró al tratado un año y medio más tarde, en febrero de 2013, después de que se incluyera una reserva respecto al uso tradicional de la planta.

Uruguay ha barajado esa misma alternativa. La situación de Estados Unidos es más compleja, puesto que se trata de estados dentro del país, y prima su relación con el gobierno federal sobre la del resto del mundo. Esos experimentos, sin embargo, ponen a Estados Unidos en una posición incómoda, sin autoridad moral para imponer una visión unilateral y coercitiva a otros países. Estados Unidos, además, no es el único país con una posición internacional dura. Rusia también la tiene.

Sin brindar un cambio radical respecto de la doctrina prohibicionista, la ONUDD no le ha dado la espalda al debate. En un informe publicado en marzo de 2014 sugirió por primera vez que la despenalización del consumo de estupefacientes podía ser una alternativa para "descongestionar las cárceles, redistribuir recursos para asignarlos al tratamiento y facilitar la rehabilitación". Fue un avance cauto, pero era la primera vez que el principal órgano mundial que combate el narcotráfico se distanciaba con tanta claridad de la estrategia marcada por la guerra contra las drogas impulsada por Estados Unidos. Este pequeño paso, no obstante, no implicaba desde ya una aprobación de la liberalización de la producción o del consumo, ni un visto bueno a los experimentos de legalización.

El *Informe Global de Drogas* publicado en 2014 brindó un primer vistazo a la postura del organismo respecto de esos experimentos. En un tono prudente, el informe hizo hincapié en los tres principales peligros en torno a la legalización: la comercialización podría generar "ventas motivadas", con publicidad directa que aliente el consumo, como ocurrió con el tabaco; la caída en el precio y las "regulaciones más permisivas" que la prohibición podrían conducir a un aumento en el uso y, finalmente, el incremento en la potencia del cannabis podría contribuir a incrementar el riesgo de "dependencia y desórdenes en el uso de la droga".

Sin definiciones taxativas, la organización matizó luego esas advertencias al afirmar que las consecuencias de los nuevos experimentos sólo podrán medirse a través de "datos fiables", y un monitoreo regular de su impacto sobre la salud pública, la economía y el narcotráfico.

En 2016 se celebrarán las elecciones presidenciales en Estados Unidos. Es la otra gran cita de ese año. En esos comicios los votantes no sólo hacen una apuesta de futuro, también toman en cuenta el balance del pasado: será el momento para los estadounidenses de valorar la gestión de Barack Obama. Su presidencia ha abarcado años particularmente intensos en la historia de Estados Unidos. El país forcejeó para dejar atrás la peor crisis económica desde la Gran Depresión mientras desarmaba dos guerras, entre ellas la de Afganistán, la más larga de todas. Obama, que llegó con grandes ambiciones a la Casa Blanca, no ha podido alcanzar muchas de ellas: reformó el sistema de salud, fue el primer mandatario en avalar el matrimonio gay y buscó, sin conseguirlo, sacar de las sombras a 11 millones de inmigrantes indocumentados y regular la posesión de armas. Y, bajo su mirada, el cannabis dejó de ser ilegal en dos estados del país. Más allá de sus éxitos y fracasos, Obama deja un país tan polarizado como el que encontró.

Al cierre de este libro era imposible pronosticar quién figurará en los dos *tickets* presidenciales, pero varias de las figuras en la carrera han tenido que dar su veredicto sobre el uso de la mariguana. Entre los nombres que se barajan, aparecen el gobernador demócrata de Nueva York, Andrew Cuomo, y el republicano Chris Christie, de Nueva Jersey. Ambos han aprobado a regañadientes el uso medicinal del cannabis en sus estados y no han ocultado su deseo de ocupar el Despacho Oval. Rand Paul, quien busca tomar el testigo que le dejó su padre, fue uno de los impulsores en el Senado de la ley diseñada para proteger a los dispensarios de mariguana medicinal de la DEA. Otro republicano en carrera es Jeb Bush, antiguo gobernador de la Florida, uno de los estados cruciales en la elección presidencial, donde el uso terapéutico del cannabis cuenta con el respaldo de casi el 90 por ciento de sus habitantes. Otro republicano en la carrera de Florida: el senador Marco Rubio, hispano y joven estrella del conservadurismo estadounidense, tan cuidadoso con el tema que ni siquiera ha querido confirmar o negar si ha probado la hierba.

Algo está claro: el cannabis será parte del debate presidencial y los candidatos deberán posicionarse sobre la legalización. La pregunta ha pasado a estar presente en las entrevistas. Como resalta el cabildero conservador Howard Wooldridge, cualquier político con ambiciones nacionales "ya no podrá eludir el tema".

Hillary Clinton, la candidata con más posibilidades para

sustituir a Obama al cierre de este libro —aunque aún no había formalizado sus intenciones de competir—, ya ha dicho que respalda el uso medicinal de la mariguana para las personas que estén "en situaciones médicas extremas". Ha sido más cauta en cuanto al consumo "recreativo", marcando un tiempo de espera para obtener más información sobre los resultados de los experimentos de Colorado y Washington (una actitud de *wait and see*, como se dice en la jerga estadounidense). Clinton, siempre pragmática, tomará su decisión, ha dicho, basándose "en la evidencia". Su marido, Bill Clinton, dijo que el tema debe quedar en manos de los estados, los "laboratorios de la democracia".

El laboratorio más significativo del país tendrá una cita clave en 2016. Ese año, las dos organizaciones que más han trabajado a favor de la legalización en los últimos tiempos, Drug Policy Alliance y Marijuana Policy Project, irán por la revancha y buscarán legalizar el consumo recreativo de cannabis en California con un nuevo referendo que sepulte el fracaso de 2010.

California es un estado cargado de simbolismo, no sólo por ser el más rico y poblado de Estados Unidos, sino porque ahí fue donde despuntó el avance del cannabis, en 1996, y donde la nueva política —partidarios y detractores están de acuerdo en este punto— ha tenido consecuencias inesperadamente negativas.

El desorden, producto de la ausencia de un marco regulatorio estatal claro y estricto, fue uno de los principales factores que llevó al fracaso del primer intento de legalización del uso recreativo. Eso, y las disensiones en el movimiento sobre cuál era la mejor estrategia a seguir en California y cuál era el momento más oportuno para ejecutarla. Muchos creían que había que esperar a las elecciones presidenciales de 2012, pero otros prefirieron forzar el intento, sin estar del todo listos. No hay que olvidar, como se ha destacado en las páginas de este libro, que los activistas comparten el mismo objetivo, pero no siempre respaldan las mismas tácticas.

Si el movimiento a favor del cannabis logra una victoria en California, octava economía del mundo, y establece ahí un marco regulatorio sólido, una argamasa que colme las grietas legales en las que se ha infiltrado el desorden de los últimos años, "la causa" habrá dado un salto cualitativo importante.

Si se cumplen las previsiones del movimiento, hacia 2016 toda la costa oeste de Estados Unidos habrá legalizado el consumo de cannabis para cualquier fin, y más de la mitad del país habrá aprobado su uso terapéutico. Para ese entonces, argumentan los militantes de la hierba, el avance del cannabis será imparable.

Cautela y optimismo

Aquí es donde caben dos análisis sobre el futuro de la legalización total del cannabis en Estados Unidos. Uno, más cauto, y otro, más optimista.

El análisis más cauto se basa en tres precedentes: el primero es la reforma de las leyes para permitir el uso terapéutico de la mariguana; el segundo, la legalización del matrimonio gay, una causa totalmente ajena a las drogas, pero a la que se la ha comparado mucho, por la rápida evolución de la opinión pública a su favor y por haber constituido una revolución social, y el tercero es otra reforma social estancada: la reforma migratoria.

En junio de 2014 Nueva York se convirtió en el estado número 23 —a los que se suma el Distrito de Columbia, donde se encuentra Washington, la capital del país— en permitir el consumo y el cultivo de cannabis para fines médicos. La medida, ha anunciado su gobernador, Andrew Cuomo, tardará un año y medio en implementarse —el tiempo de otorgar las licencias pertinentes— y será muy restrictiva. Las personas que sufran alguna de las diez enfermedades listadas en la ley no podrán fumar la hierba, sino que sólo podrán consumirla con extractos, a través de vaporizadores electrónicos o comestibles. Otras limitaciones: el programa tiene una vigencia inicial de siete años, que puede ser extendida, y el gobernador podrá suspenderlo en cualquier momento. Es una iniciativa muy controlada en un estado donde el 88 por ciento de la opinión pública respalda el uso medicinal de la hierba, y muy diferente a las de otros estados del país.

Es uno de los inconvenientes de las iniciativas estatales. Los estados funcionan como laboratorios de la democracia en Estados Unidos, pero no todos han seguido la misma fórmula para realizar sus experimentos. Ello ha dejado un mapa caótico, sin cohesión nacional.

En Colorado, todo es legal. En California, aunque no lo es, en los hechos sí: el cannabis es prácticamente un producto de venta libre, pues sólo se necesita la receta de un médico. En Connecticut, apenas se vende en seis centros avalados por el gobierno estatal; en Montana, se permite adquirir no más de una onza (28 gramos) contra las 24 onzas (680 gramos) de Oregón. De estado a estado varían las formas para acceder a la hierba, para consumirla, las reglas para cultivarla y los impuestos que deben pagarse.

Una de las reformas que se barajan en Estados Unidos es

dejar el tema en manos de los estados, tal como propusieron en su momento Ron Paul y Barney Frank en el Congreso. Si esta reforma llegara a concretarse, la dicotomía actual podría perpetuarse, y el gobierno federal podría optar por mantener en paralelo una regulación discrecional como la que ejerció Obama, utilizando las agencias de seguridad para marcar límites en un país sin una ley federal que otorgue seguridad jurídica al cannabis.

El otro precedente que incita a una cierta cautela en cuanto al futuro del cannabis es otra legalización, la del matrimonio homosexual, causa controvertida que en poco tiempo ha ganado absoluta legitimidad y el respaldo de la opinión pública: el 55 por ciento de los estadounidenses están a favor, según una encuesta de Gallup de mayo de 2014. Al igual que la legalización del cannabis, comenzó con iniciativas estado por estado desde que, en 2004, Massachusetts se convirtió en el primero en incluirlo en su legislación.

"Una de las dudas sobre la legalización era si iba a convertirse en un tema contencioso, como el aborto, o algo más parecido a lo que ha pasado con el matrimonio gay. La respuesta está en la encuesta de Gallup", decía Steve DeAngelo en una de las conferencias de negocios del cannabis, en Seattle. Se refería a un sondeo de 2013 que le daba un respaldo nacional del 58 por ciento al cannabis y que los referentes del movimiento han citado mucho.

El matrimonio homosexual consiguió el respaldo de Obama, cuya postura "evolucionó", según sus palabras, desde el rechazo hasta su aval de 2012. Un año después, la Corte Suprema, dictaminó que la definición de un matrimonio no sólo se aplicaba a la unión de un hombre y una mujer, y extendió derechos, como el cobro de beneficios fiscales del gobierno federal, a las parejas homosexuales. Fue el mayor éxito del movimiento gay.

Ahora, 19 estados del país permiten el matrimonio gay. Pero el camino hacia la legalización se ha topado con muchos obstáculos porque su popularidad ha generado también una profunda oposición. Grupos conservadores se han movilizado para lanzar una ofensiva muy eficaz. El resultado es que 31 estados se han pronunciado de manera explícita en contra de este tipo de uniones. Una vez más, el mapa de Estados Unidos ha quedado desdibujado en un sinfín de contradicciones legales. Lo mismo puede ocurrir con el cannabis.

Otra reforma social condenada a un éxito que nunca llega: la reforma migratoria. Por distintas razones, hace más de una década que elude la firma presidencial y los pronósticos que auguran, año tras año, su aprobación. En 2014, bastó la intransigencia de un puñado de legisladores republicanos en la Cámara de Representantes del Congreso para echar por la borda un proyecto de ley bipartidista que gozaba del apoyo de la opinión pública y de Obama. En las circunstancias políticas actuales, la iniciativa parece perdida: los republicanos pueden llegar a mantener el control de la Cámara baja del Congreso incluso hasta 2020, cuando vuelvan a delinearse los límites de los distritos donde se elige a los legisladores.

Un análisis más optimista —el que prevalece en el movimiento— ve en Colorado y Washington un punto de quiebre, el principio de un movimiento imparable que ha generado un profundo cambio de mentalidades en el país. El hecho de que un estado como Florida, que contaba con las leyes antidrogas más duras del país, tenga previsto aprobar el consumo medicinal de la mariguana en noviembre de 2014, algo inimaginable hace tan sólo unos años, es motivo suficiente para apañar este optimismo.

El avance simultáneo de la legalización en dos frentes —para su uso medicinal y recreativo— debería crear una masa crítica de opiniones a favor difícil de contener o de revertir. El avance debería a su vez provocar un cambio, quizá no en el gobierno federal donde agencias como la DEA, que respaldan el *statu quo*, tienen todavía mucho poder, pero al menos entre los legisladores del Congreso.

El éxito de los *ganjapreneurs* debería ser otro aliciente para reconocer la viabilidad de la nueva realidad legal del cannabis. Hoy, las empresas que tocan el cannabis no pueden comercializar entre estados —el comercio interestatal es un delito federal— y ni hablar de exportar fuera de Estados Unidos. La ley opera como un obstáculo para la expansión de la industria. El avance crearía más negocios, más empleo y más riqueza. Negocios, además, vistos en Estados Unidos como innovaciones legítimas, no como crímenes federales o actividades inmorales.

En esta trayectoria, la cita electoral de 2016, tanto por los comicios presidenciales como por el referendo en California, marcaría un punto de inflexión y crearía la presión suficiente para que el Congreso quitara el cannabis de la Ley de Sustancias Controladas, o al menos lo ubicara en una categoría más acorde con la realidad del país. Es el gran objetivo del movimiento: la legalización federal. El premio más codiciado.

Más allá de cómo evolucione, en Estados Unidos y a nivel internacional todo indica que la legalización del cannabis continuará con la fórmula de "modelos a la medida". En cada país, cada estado o cada ciudad. No existe una solución única, tal como resalta Ethan Nadelmannn o han expresado los presidentes y los intelectuales de la Comisión Global formada por Fernando Henrique Cardoso.

El mundo ha ofrecido un abanico de opciones que brindarán una idea más acabada de los beneficios y los perjuicios de cada una de las alternativas.

En Uruguay, el presidente José Mujica y sus ministros firmaron en mayo de 2014 el decreto que establece cómo se implementará la ley que creó el primer mercado nacional de mariguana para consumo recreativo. De acuerdo con el reglamento, los consumidores —mayores de 18 años y residentes del país— deberán inscribirse en un registro de usuarios para poder comprar hasta 10 gramos semanales de cannabis en farmacias autorizadas. La mariguana legal tendrá un 15 por ciento de concentración de THC, el principal componente psicoactivo del cannabis, del que se ofrecerán cinco variedades. Un gramo costará menos de un dólar estadounidense. La siembra de la planta se realizará en terrenos privados propiedad del Estado aún no definidos. La ley también legalizará clubes de consumidores y el autocultivo, que deberán inscribirse en el Instituto de Regulación y Control del Cannabis (IRCCA).

Los llamados "clubes sociales" son un modelo en sí mismo, una suerte de híbrido entre el modelo de monopolio estatal creado por Uruguay y el modelo privado de Estados Unidos.

En España, la situación es complicada porque no hay una regulación penal ni reglas administrativas claras. Esto ha contribuido a la proliferación de los "clubes de cannabis". El Ayuntamiento de Barcelona calcula que hay unas 200 asociaciones en la ciudad. En toda Cataluña, la cifra ronda unos 400. La Federación de Asociaciones Cannábicas Autoreguladas de Cataluña (FEDCAC) estima que entre todas las entidades pueden haber más de 165 mil socios, de los cuales 60 mil consumen con asiduidad. Estas entidades, que no tienen fin de lucro, facturan cada mes casi 7 millones de dólares, una cifra demasiado importante para mantener en un limbo legal. En contra de la tendencia mundial, el gobierno de Mariano Rajoy quiere a acabar con estos clubes sociales y prevé subir un 300 por ciento la sanción mínima por posesión —de 400 a mil 400 dólares—, y multar con la misma cifra a los cultivos privados de cannabis.

En el Distrito Federal de México, diputados del Partido de la Revolución Democrática (PRD) han propuesto reducir la persecución policial de los consumidores de cannabis y crear dispensarios para reducir los riesgos y daños del consumo ilegal.

Casi en silencio, Canadá puso este año en marcha un nuevo modelo, exclusivo para el uso de la droga con fines terapéuticos, que ha despertado un gran interés de los inversores y ha progresado sin sobresaltos.

Estos experimentos son seguidos muy de cerca en Europa, Estados Unidos y América Latina por funcionarios, expertos, políticos y activistas porque en ellos descansa el futuro de la legalización. Si funcionan, le darán impulso. Si fracasan, brindarán argumentos para sostener la prohibición.

Pero ¿cómo medir ese éxito o ese fracaso?

Así como cada comunidad —nacional, estatal o local— ha definido o definirá su propio modelo, cada comunidad deberá definir, también, cómo juzga ese nuevo modelo.

El veredicto final sobre el cannabis aún no ha sido dado. Todavía se desconoce la incidencia de la legalización sobre la seguridad o el narcotráfico —aunque sobran las estimaciones sobre cómo ha afectado el negocio de los cárteles— o cuál será su impacto sobre la salud pública o sobre las personas. Debido a la falta de estudios científicos lo suficientemente amplios, extensos y profundos, pueden pasar años hasta que se conozcan todos los efectos que produce el consumo de cannabis sobre la salud pública o los individuos en el largo plazo.

En Colorado, las primeras tiendas abrieron sus puertas en enero de 2014, sin que se vivieran mayores incidentes. El crimen continuó su descenso respecto de 2013; en cuatro meses, el gobierno estatal recaudó más de 27 millones de dólares. El entusiasmo por la novedad de comprar una droga ilegal tuvo consecuencias previsibles: el turismo creció, la policía detuvo algunos conductores por conducir "colocados" y hubo nueve menores de edad internados por haber ingerido comestibles de mariguana. Luego de estos episodios, ninguno de los cuales llega a conformar una tendencia, los legisladores comenzaron a estudiar nuevas normas para reforzar las reglas que rigen a los comestibles, en particular el contenido de THC.

Aún existen muchos grupos que se oponen de manera feroz al cannabis. La Asociación Médica Americana (AMA, por sus siglas en inglés), la más importante de Estados Unidos, desaprueba el uso médico de la mariguana, a la que sigue calificando de "droga peligrosa". Agrupaciones de policías también reniegan de las reformas. Grandes complejos corporativos de Estados Unidos, en especial el farmacéutico, tienen mucho que perder con la legalización del cannabis y pueden ejercer todo tipo de presiones sobre los legisladores para impedir el avance de la legalización. Lo mismo ocurre con la industria de prisiones privadas. Si, con la mayor disponibilidad de cannabis, resulta que cae el consumo de alcohol o de tabaco, ¿cuál será la reacción de sus poderosos *lobbies*? ¿Combatir la legalización o apropiársela? Estas preguntas apenas han empezado a aflorar en el debate, pero cobrarán importancia a medida que se amplíe la legalización.

Hay tres hechos certeros: la guerra contra las drogas ha perdido legitimidad, el debate ha girado hacia la búsqueda de alternativas y el avance de la legalización se ha acelerado más de lo previsto.

Un informe exhaustivo de la London School of Economics (LSE) de abril de 2014, que reúne los trabajos de reconocidos expertos en políticas de drogas, resalta que "hace sólo un par de años ni siquiera los defensores más radicales de un cambio en las políticas sobre drogas sentían que el debate internacional sobre estas sustancias evolucionaría tan rápidamente como lo ha hecho". Activistas que han estado en el frente de la batalla de la legalización durante décadas reconocen, sin ocultar su impresión, haber visto un cambio mayor en los últimos dos años que en los últimos 20.

El año 2014 ya ha marcado un hito en Estados Unidos. Nunca tantos estados —Maryland, Minnesota y Nueva York, al cierre de este libro— habían aprobado el uso terapéutico del cannabis en un solo año. Florida y Pensilvania se encaminaban a hacerlo también este año. Y Oregón y Alaska se disponían a dar el salto hacia el uso recreativo del cannabis.

Al final, los hechos hablarán por sí solos. El debate sobre la legalización del cannabis, como se afirmó en la introducción de este libro, es un debate de política de drogas, un debate de políticas públicas y un debate de política exterior. La legalización, "como cualquier otra política pública, se juzgará por sus resultados y no por sus intenciones", sentencia el informe de la LSE.

Los hombres y mujeres retratados en estas páginas han sido los pioneros de una reforma que, aseguran, ofrecerá un mundo mejor que la prohibición y la guerra contra las drogas. Han abierto una puerta, han mostrado un camino alternativo al de las políticas impuestas durante décadas desde la Casa Blanca y la ONU.

Cada ciudad, cada país, cada región, deberá hacerse, tarde o temprano, la misma pregunta a la que se enfrentaron Washington y Colorado: ¿es una buena idea legalizar el cannabis, o es mejor mantener la prohibición?

La historia de casi 100 años de prohibición sirve para enhebrar la mitad de la respuesta. La otra mitad sólo cuenta con la experiencia y las evidencias recientes. Muchos de los argumentos de las personas que pujan por la legalización siguen descansando en información anecdótica. Se sabe mucho más sobre el cannabis, pero no existen estudios científicos que brinden una sentencia final. Hasta que esta sentencia llegue, la discusión siempre tendrá un ineludible tinte político. Pero, pese a que persisten interrogantes, esa discusión está respaldada ahora por más datos y conocimientos científicos mucho más profundos que cuando se impuso la prohibición. El debate ha madurado, y esa madurez se debe, en parte, a la tarea de los legalizadores.

En Denver, la Orquesta Sinfónica de Colorado tiene previsto ofrecer otros conciertos relacionados con el cannabis, ya que su primera convocatoria fue todo un éxito: recaudó unos 50 mil dólares. Algunos de sus miembros más veteranos no ocultaron su entusiasmo por haber asistido a un evento tan sofisticado, tan inesperadamente natural. Con el pequeño aliciente de haber sido testigos de un momento histórico.

FUENTES

INTRODUCCIÓN

Entrevista de los autores con Isaac Campos, Brendan Kennedy, Ethan Nadelmann, Mason Tvert, fuentes de la Organización de las Naciones Unidas (ONU), el gobierno federal de México y el gobierno federal de Estados Unidos.

"Home Grown: Marijuana and the Origins of Mexico's War on Drugs", de Isaac Campos, The University of North Carolina Press, Chapel Hill, 2012.

"Marijuana Conviction: A History of Marijuana Prohibition in the United States", de Richard J. Bonnie, Charles H. Whitebread II, Dana L. Farnsworth, The Lindesmith Center, 1999.

World Drug Report 2013, United Nations Office on Drugs and Crime. *http:// www.unodc.org/unodc/secured/wdr/wdr2013/World_Drug_Report_2013.pdf*

Word Drug Report 2014, United Nations Office on Drugs and Crime. *https:// www.unodc.org/documents/data-and-analysis/WDR2014/World_Drug_ Report_2014_web.pdf*

"National Survey on Drug Use and Health: Summary of National Findings". Oficina Nacional de Política de Control de Drogas de la Casa Blanca, 2011. *http://www.whitehouse.gov/sites/default/files/ondcp/policy-and-research/ nsduhresults2011.pdf*

"The Origins of Cannabis Prohibition in California", por Dale H. Gieringer, publicado originalmente en "The Forgotten Origins of Cannabis Prohibition in California", Contemporary Drug Problems, vol. 26 #2, 1999.

Historia del Cannabis, Museo de la Agencia Antidroga de Estados Unidos (DEA, por sus siglas en inglés). *http://www.deamuseum.org/ccp/cannabis/ history.html*

"The Mysterious History Of 'Marijuana'", NPR, 22 de julio de 2013. *http:// www.npr.org/blogs/codeswitch/2013/07/14/201981025/the-mysterious -history-of-marijuana*

"A Brief History of How Marijuana Became Illegal in the U.S", PolicyMic, 14 de enero de 2014. *http://www.policymic.com/articles/78685/a-brief -history-of-how-marijuana-became-illegal-in-the-u-s*

"A History of Pot, from George Washington to Legalizing Ganja". The Associated Press, publicado en *NBC News*, 6 de diciembre de 2012. *http://usnews. nbcnews.com/_news/2012/12/06/15726635-a-history-of-pot-from-george -washington-to-legalizing-ganja?lite*

"The Odd History Of Marijuana In The U.S", KPBS, 7 de octubre de 2010. *http://www.kpbs.org/news/2010/oct/07/odd-history-marijuana-us/*

"Reefer Madness", *The Atlantic*, 1 de agosto de 1994. *http://www.theatlantic. com/magazine/archive/1994/08/reefer-madness/303476/?single_page=true*

Reefer Madness, película propagandística dirigida por Louis J. Gasnier, 1936.

"Kills Six in a Hospital", publicado el 21 de febrero de 1925 en *The New York Times*.

"Delirium or Death: Terrible Effects Produced by Certain Plants and Weeds Grown in Mexico", publicado en *Los Angeles Times* el 12 de marzo de 1905.

Discurso sobre el Programa Intensivo para la Prevención y el Control de las Drogas, Richard Nixon, 17 de junio de 1971. *http://www.presidency.ucsb. edu/ws/?pid=3047*

"Memorandum for Selected United States Attorneys", 19 de octubre de 2009, del procurador general adjunto del gobierno federal de Estados Unidos, David W. Ogden. *http://blogs.justice.gov/main/archives/192*

"America's New Drug Landscape". Centro de Investigaciones Pew, 2 de abril de 2014. *http://www.people-press.org/files/legacy-pdf/04-02-14%20Drug%20 Policy%20Release.pdf*

Encuesta de CNN/ORC International. *http://i2.cdn.turner.com/cnn/2014/ images/01/06/cnn.orc.poll.marijuana.pdf*

Encuesta de CNN/ORC International. Mariguana medicinal y Colorado: *http://i2.cdn.turner.com/cnn/2014/images/01/08/cnn.orc.poll.marijuana. colorado.pdf*

Encuesta de Rasmussen sobre la guerra contra las drogas. *http://www. rasmussenreports.com/public_content/politics/general_politics/ august_2013/82_say_u_s_not_winning_war_on_drugs*

Encuesta de FOX sobre la legalización de la mariguana medicinal. *http:// nationalcannabiscoalition.com/2013/05/fox-news-poll-85-support -medical-marijuana-legalization/*

"For First Time, Americans Favor Legalizing Marijuana", encuesta de Gallup, 22 de octubre de 2013. *http://www.gallup.com/poll/165539/first-time -americans-favor-legalizing-marijuana.aspx*

Sumario de encuestas de ProCon.org. *http://medicalmarijuana.procon.org/ view.additional-resource.php?resourceID=000149*

"Obama's War on Pot", por Tim Dickinson, publicado en *Rolling Stone*, 16 de febrero de 2012. *http://www.rollingstone.com/politics/news/obamas-war-on -pot-20120216*

"Going the distance", por David Remnick, publicado en *The New Yorker*, 27 de enero de 2014. *http://www.newyorker.com/reporting/2014/01/27/ 140127fa_fact_remnick?currentPage=all*

Transcripción de entrevista de Barack Obama con la cadena CNN. *http:// transcripts.cnn.com/TRANSCRIPTS/1401/31/cg.01.html*

EL INVERSOR

Entrevistas de los autores con Brendan Kennedy, Scott Lowry, Tonia Winchester, Steve DeAngelo, Kayvan Khalatbari, Kris Krane, Betty Aldworth y Tripp Keber.

"Too High To Fail, Canabis and the New Green Economic Revolution", Doug Fine, Gotham Books, agosto 2012.

"Humboldt: Life on America's Marijuana Frontier", Emily Brady, Grand Central Publishing, junio de 2013.

"How to Invest in Dope", *The New York Times*, 25 de junio de 2013. *http:// www.nytimes.com/2013/06/30/magazine/how-to-succeed-in-the-legal-pot -business.html?pagewanted=all*

"The Risks and Rewards of a Newly Legal High", *The Financial Times*, 23 de enero de 2014. *http://www.ft.com/intl/cms/s/0/c81aea36-8299-11e3-9d7e-00144 feab7de.html?siteedition=intl#axzz2tjyGXgGr*

"Private Equity Embraces Pot as Banks Reject Money", Bloomberg TV. *http:// www.bloomberg.com/video/private-equity-embraces-pot-as-banks-reject- money-k66hBABgTfCbApix4Vf_4Q.html*

"As Marijuana Goes Legit, Investors Rush In", *USA Today*, 8 de abril, 2013. *http:// www.usatoday.com/story/money/business/2013/04/07/medical-marijuana -industry-growing-billion-dollar-business/2018759/*

Página web de Privateer Holdings. *http://www.privateerholdings.com/*

Página web de Leafly. *http://www.leafly.com/*

Página web de Heclker Associates. *http://www.hecklerassociates.com/*

Programa de Acceso de Mariguana Medicinal de Canadá. *http://www.hc-sc. gc.ca/dhp-mps/marihuana/about-apropos/index-eng.php*

"The Yelp of Weed", por Alice Truong, publicado por Fast Company. *http://www. fastcompany.com/3019855/the-yelp-of-weed-leafly-and-other-marijuana -startups-hope-to-gain-as-feds-ease-up-on-pot*

"Inside the WeedMaps vs. Leafly Battle", Marijuana Medical Daily, 23 de diciembre de 2013. *http://mmjbusinessdaily.com/insight-the-weedmaps-vs -leafly-battle-insights-data/*

"The State of Legal Marijuana Markets, 2nd Edition", The Arcview Group, 2013.

"Drug Agent Joins Budding Industry", *The Wall Street Journal*, 10 de diciembre de 2013. *http://online.wsj.com/news/articles/SB100014240527023037221 04 579242602996551692*

"National Survey of American Attitudes on Substance Abuse XVII". Centro para la Adicción y el Abuso de Sustancias (CASA, por sus siglas en inglés) de la Universidad de Columbia. Agosto, 2012. *http://www.casacolumbia.org /addiction-research/reports/national-survey-american-attitudes-substance-abuse-teens-2012*

LOS *GANJAPRENEURS*

Entrevistas de los autores con: Kayvan Khalatbari, Steve DeAngelo, Gaynell Rogers, Mason Tvert.
Estadísticas del mercado de mariguana medicinal de Colorado. *http://www. colorado.gov/cs/Satellite/CDPHE-CHEIS/CBON/1251593017044*
Página web de Harborside. *www.harborsidehealthcenter.com*
Página web de Denver Relief. *http://www.denverrelief.com*
Weed Wars, serie de televisión, Discovery Channel, diciembre de 2011.
"Marijuana Industry's Banking Blues", programa *60 Minutes*, CBS News, noviembre de 2012. *http://www.cbsnews.com/videos/marijuana-industrys -banking-blues/*
"Banks Say No to Marijuana Money, Legal or Not", *The New York Times*, 11 de enero de 2014. *http://www.nytimes.com/2014/01/12/us/banks-say-no-to-marijuana-money-legal-or-not.html?_r=0*
"Boom and Bust in California's Medical Marijuana Industry", *The Sacramento Bee*, 16 de marzo de 2014. *http://www.sacbee.com/2014/03/16/6235633/ boom-and-bust-in-californias-medical.html*
"A Colorado Marijuana Guide: 64 Answers to Commonly Asked Questions", John Ingold, *Denver Post*, 31 de diciembre de 2013. *http:// www.denverpost.com/marijuana/ci_24823785/colorado-marijuana -guide-64-answers-commonly-asked-questions*
"La ruée sur l'or vert", Corine Lesnes, *Le Monde*, 17 de marzo de 2013. *http:// lesnes.blog.lemonde.fr/2013/03/17/la-ruee-sur-lor-vert/*
"Cole Memo", US Department of Justice, 29 de agosto de 2013. *http://www. justice.gov/iso/opa/resources/3052013829132756857467.pdf*
"The State of Legal Marijuana Markets, 2nd Edition", The Arcview Group, 2013.
"Oaksterdam After the Raid", *Oakland North*, Madeleine Thomas, 18 de abril de 2013. *https://oaklandnorth.net/2013/04/18/after-the-raid-first-oaksterdam -then-legal-battles-for-harborside-health-center/*
"Bank Secrecy Act Expectations Regarding Marijuana-Related Businesses", Department of Treasury, Financial Crimes Enforcement Network, 14 de febrero de 2014.
"Marijuana Legalization Progress: California Democrats Back Legalization In Party Platform", Market Watch, *The Wall Street Journal*, 14 de marzo de 2014.

"Altered State? Assessing How Marijuana Legalization in California Could Influence Marijuana Consumption and Public Budgets", Beau Kilmer, Informe Rand Corporation, 2010.

"Obama Administration Clears Banks to Accept Funds from Legal Marijuana Dealers", Danielle Douglas, 14 de febrero de 2014. *http://www.washingtonpost.com/business/economy/obama-administration-clears-banks-to-accept-funds-from-legal-marijuana-dealers/2014/02/14/55127b04-9599-11e3-9616-d367fa6ea99b_story.html*

EL PROFETA

Entrevista de los autores con Ethan Nadelmann, Graham Boyd, Mason Tvert, Alison Holcomb, Brendan Kennedy y Stacia Cosner.

Página web de la DPA. *http://www.drugpolicy.org*

Página web de NORML. *http://norml.org*

Página web The Marijuana Policy Project. *http://www.mpp.org*

Página web de Students for a Sensible Drug Policy. *http://ssdp.org*

Drug Policy Alliance Annual Report 2013. *http://www.drugpolicy.org/resource/drug-policy-alliance-annual-report*

Marijuana Policy Project Annual Report 2012. *http://www.mpp.org/about/MPP_2012_Annual_Report.pdf*

Declaraciones de impuestos de NORML. *http://norml.org/about/intro/item/norml-tax-returns-2*

"Think Again: Drugs", Ethan Nadelmann, *Foreign Policy*, 15 de agosto de 2007. *http://www.foreignpolicy.com/articles/2007/08/15/think_again_drugs*

"Ethan Nadelman: The Real Drug Czar", *Rolling Stone*, Tim Dickinson, 6 de junio de 2013. *http://www.rollingstone.com/culture/news/ethan-nadelmann-the-real-drug-czar-20130606*

"Legalize All Drugs? The Man behind Loosening Pot Laws in US Eyes New Goal", Tony Dokoupil, *NBC News*, 27 de noviembre de 2013. *http://www.nbcnews.com/news/other/legalize-all-drugs-man-behind-loosening-pot-laws-us-eyes-f2D11663337*

"Why I Support Legal Marijuana", George Soros, *The Wall Street Journal*, 26 de octubre de 2010. *http://online.wsj.com/news/articles/SB10001424052702303467004575574450703567656*

"High Roller: How Billionaire Peter Lewis Is Bankrolling Marijuana Legalization", Clare O'Connor, *Fortune Magazine*, 20 de abril de 2012. *http://www.forbes.com/sites/clareoconnor/2012/04/20/high-roller-how-billionaire-peter-lewis-is-bankrolling-marijuana-legalization/*

"Billionaire Peter Lewis: My War on Drug Laws", Clare O'Connor, *Fortune Magazine*, 21 de octubre de 2012. *http://www.forbes.com/sites/clareoconnor/2011/09/21/billionaire-peter-lewis-my-war-on-drug-laws/2/*

Entrevista de Mason Tvert, Greg Moore, *The Denver Post*, 10 de enero de 2014. *http://www.thecannabist.co/2014/01/10/interview-mason-tvert-director-communications-marijuana-policy-project/2458/*

"Trio Put Cash into Marijuana Initiatives", Donna Leinwand, *USA Today*, 4 de noviembre de 2002. *http://usatoday30.usatoday.com/news/nation/2002-11 -04-marijuana-usat_x.htm*

"The Marijuana Lobby: All Grown Up", Rob Reuterman, CNBC, 20 de abril de 2014. *http://www.cnbc.com/id/36179727*

LAS MADRES

Entrevista de los autores con Gretchen Burns Bergman, Joy Strickland, Emily Dufton y Heather Jackson.

"Restoration Not Retribution", Gretchen Burns, *Huffington Post*, 5 de octubre de 2010. *http://www.huffingtonpost.com/gretchen-burns-bergman/ restoration-not-retributi_b_750068.html*

Página web de A New Path. *http://www.anewpathsite.org*

Página web de Moms United. *http://www.momsunited.net*

Página web de Mothers Against Teen Violence. *http://www.matvinc.org*

"The New Jim Crow", Michelle Alexander, *The New Press*, Nueva York, 2012.

"Felon Voting Rights", National Conference of State Legislatures, febrero de 2014. *http://www.ncsl.org/research/elections-and-campaigns/felon-voting-rights.aspx*

"'Mommy Lobby' Emerges as a Powerful Advocate for Medical Marijuana for Children", Ariana Eunjung Cha, *The Washington Post*, 2 de marzo de 2014. *http://www.washingtonpost.com/national/health-science/mommy-lobby-emerges-as-a-powerful-advocate-for-medical-marijuana-for-children/2014/ 03/02/296ad1e2-9a38-11e3-b88d-f36c07223d88_story.html*

"The Secret Ingredients for Marijuana Legalization: Moms and Hispanics", Casey Michel, *The Atlantic*, 9 de noviembre de 2012. *http://www.theatlantic. com/politics/archive/2012/11/the-secret-ingredients-for-marijuana -legalization-moms-and-hispanics/265369/*

"Moms Say: No More Drug War", *Reason*, Zach Weissmueller, 13 de mayo de 2012. *http://reason.com/reasontv/2012/05/13/moms-say-no-more-drug-war*

"Parents, Peers and Pot: The Rise of the Drug Culture and the Birth of the Parent Movement, 1976-1980", Emily Dufton, UC Irvine School of Humanities.

"The War on Drugs: The Parent Movement and Zero Tolerance", Emily Dufton, *The Atlantic*, 29 de marzo de 2012. *http://www.theatlantic. com/health/archive/2012/03/the-war-on-drugs-the-parent-movement-and -zero-tolerance/254316/*

Prohibition, documental de Ken Burns, Cadena PBS, 2011.

"Why I Changed My Mind on Weed", Sanjay Gupta, CNN, 8 de agosto de 2013. *http://www.cnn.com/2013/08/08/health/gupta-changed-mind-marijuana/*

"Why I Would Vote No on Pot", Sanjay Gupta, *Time*, 8 de enero de 2009. *http:// time.com/602/health-why-i-would-vote-no-on-pot/*

Cannabis madness, documental de CNN, Sanjay Gupta, marzo de 2014.

"Marijuana Stops Child's Severe Seizures", Saundra Young, CNN, 7 de agosto de 2013. *http://www.cnn.com/2013/08/07/health/charlotte-child-medical -marijuana/*

"Families See Colorado as New Frontier on Medical Marijuana", Jack Healy, 5 de diciembre de 2013. *http://www.nytimes.com/2013/12/06/us/families -see-colorado-as-new-frontier-on-medical-marijuana.html*

"Parents Pushing to Get Marijuana Extract for Kids with Epilepsy", Robert McCoppin y Duaa Eldeib, 24 de febrero de 2014, *Chicago Tribune, http:// articles.chicagotribune.com/2014-02-24/news/ct-medical-marijuana-for -kids-ct-20140224_1_medical-marijuana-marijuana-abuse-medicinal-pot*

EL POLICÍA

Entrevista de los autores con Neill Franklin, Diane Goldstein y Jonathan P. Caulkins.

"Former Cop Is 'Linchpin' of Campaign to Legalize Marijuana", Erin Cox, *The Baltimore Sun*, 3 de febrero de 2014. *http://articles.baltimoresun.com/2014 -02-03/news/bs-md-cop-turned-pot-advocate-20140203_1_neill-franklin -marijuana-drug-busts*

Página web de LEAP: *www.leap.cc*

Americans for Safe Access. Federal Marijuana Laws. *http://www.safeaccessnow. org/federal_marijuana_law*

"The New Jim Crow", Michelle Alexander, *The New Press*, Nueva York. 2012.

"Marijuana Legalization: What Everyone Needs to Know", Beau Kilmer, Mark Kleiman, Jonathan P. Caulkins, Angela Hawken, Oxford University Press, 2012.

Bureau of Justice Statistics. Truth in Sentencing in State Prisons. US Department of Justice. Enero de 1999. *http://bjs.gov/content/pub/pdf/tssp.pdf*

Cronología de 30 años de guerra contra las drogas, *Frontline*, cadena PBS. *http://www.pbs.org/wgbh/pages/frontline/shows/drugs/cron/*

"The War on Marijuana in Black and White", informe del American Civil Liberties Union (ACLU), junio de 2013.

"Marijuana Wars", Al Jazeera, marzo de 2014. *http://www.aljazeera.com/program- mes/peopleandpower/2014/02/marijuana-wars-2014225131531223139.html*

"Banking on Bondage. Private Prisons and Mass Incarceration", informe del American Civil Liberties Union (ACLU), noviembre de 2011.

"Pot Legalization Crimps Funding of Drug Task Forces", Zusha Elinson, *The*

Wall Street Journal, 9 de enero de 2014. *http://online.wsj.com/news/articles/ SB10001424052702304753504579282940412941998*

"Overkill: The Rise of Paramilitary Police Raids in America", Radley Balko, informe del Cato Institute, 2006.

Testimonio de Neill Franklin ante el panel Marijuana Policy and Politics at Netroots Nation, 5 de agosto de 2010, *https://www.youtube.com/watch?v=g1A03J7Vycc*

"California Police Has No Interest in Setting Pot Rules", Peter Hecht, *The Sacramento Bee*, 26 de enero de 2014. *http://www.sacbee.com/2014/01/26/ 6101596/california-police-have-no-interest.html*

"Eric Holder Seeks to Cut Mandatory Minimum Drug Sentences", Dan Merica y Evan Perez, 12 de agosto de 2013, CNN. *http://www.cnn.com/2013/08/12/ politics/holder-mandatory-minimums/*

"One in 31. The Long Reach of American Corrections", informe del Pew Center on the States, marzo de 2009.

"Requiem for a CAMP: The Life and Death of a Domestic U.S. Drug War Institution", Dominic Corva, *International Journal of Drug Policy*, 6 de noviembre de 2012. *http://www.ijdp.org/article/S0955-3959(13)00015-7/abstract*

"Why Growing Numbers of Police Are Slamming Drug Prohibition", Tony O'Neil, *The Fix*, 14 de junio de 2011. *http://www.thefix.com/content/leap -faith?page=all*

Carta de la International Association of Chiefs of Police (IACP) y la National Sheriffs' Association (NSA) al procurador general Eric Holder, 21 de septiembre de 2012.

"Prison and the Poverty Trap", John Tierney, *The New York Times*, 18 de febrero de 2013. *http://www.nytimes.com/2013/02/19/science/long-prison-terms-eyed -as-contributing-to-poverty.html?pagewanted=all&_r=0*

EL LIBERTARIO

Entrevista de los autores con Ron Paul, Howard Wooldridge y Jeffrey Miron.

"End Marijuana Prohibition Now", entrevista de Ron Paul en *RonPaul.com*. *http:// www.ronpaul.com/2011-06-23/ron-paul-end-marijuana-prohibition-now/*

"Ideas Do Have Consequences: The Ron Paul Appeal", Richard Opel, *The New York Times*, 3 de enero de 2012. *http://www.nytimes.com/2012/01/04/us/ politics/ron-pauls-stump-speech.html*

"Legalizing Drugs Suits Ideal of American Freedom", entrevista de Jeffrey Miron, *Spiegel Online*, 3 de enero de 2013. *http://www.spiegel.de/ international/world/harvard-economist-jeffrey-miron-on-why-drugs- should-be-legalized-a-886289.html*

"The Republican Party's Pot Dilemma", Molly Ball, *The Atlantic*, 7 de marzo de 2014. *http://www.theatlantic.com/politics/archive/2014/03/the-republican -partys-pot-dilemma/284289/*

"The War on Drugs Is Lost", William Frank Buckley, *National Review*, 12 de febrero de 1996.

"Free Weeds", William Frank Buckley, *National Review*, 29 de junio de 2004. *http://www.nationalreview.com/articles/211327/free-weeds/william-f-buckley-jr*

"Friedman & Szasz On Liberty and Drugs", entrevista de Willim F. Buckely en "America's Drug Forum", 1991.

"The Budgetary Impact of Ending Drug Prohibition", Jeffrey Miron y Katherine Waldock, 2010, informe del Cato Institute.

"Gov. Rick Perry in Davos, Touts Texas as Model for Progressive Drug Policy", Jonathan Tilove, *Statesman.com*, 23 de enero de 2014. *http://www.statesman.com/news/news/state-regional-govt-politics/in-davos-gov-rick-perry-touts-texas-as-model-for-p/ncy5B/?__federated=1*

"Congressman Paul's Legislative Strategy? He'd Rather Say Not", Libby Copeland, *The Washington Post*, 6 de julio de 2006. *http://www.washingtonpost.com/wp-dyn/content/article/2006/07/08/AR2006070800966.html*

"The Antiwar, Anti-Abortion, Anti-Drug-Enforcement Administration, Anti-Medicare Candidacy of Dr. Ron Paul", Christopher Caldwell, *The New York Times*, 22 de julio de 2007. *http://www.nytimes.com/2007/07/22/magazine/22Paul-t.html?pagewanted=all&_r=0*

"Ron Paul, Barney Frank: Legalize Marijuana", Jennifer Epstein, *Politico*, 23 de junio de 2011. *http://www.politico.com/news/stories/0611/57616.html#ixzz2w5dqACxE*

"Marijuana Bill Officially Introduced to Congress by Ron Paul, Barney Frank", *Los Angeles Times*, 23 de junio de 2011. *http://latimesblogs.latimes.com/washington/2011/06/marijuana-bill-officially-introduced-to-congress-by-ron-paul-barney-frank.html#sthash.pVYi2IFn.dpuf*

"Young Republicans Find Fault with Elders on List of Social Issues", Jonathan Martin, *The New York Times*, 10 de marzo de 2014. *http://www.nytimes.com/2014/03/11/us/politics/social-issues-splitting-young-republicans-from-their-elders.html*

"Christian Right Evolves! How Prison Reform Went Mainstream", Josh Eidelson, *Salon*, 14 de marzo de 2014. *http://www.salon.com/2014/03/14/christian_right_evolves_how_prison_reform_went_mainstream/*

"Conservatives Push Marijuana Reform in Congress", Tim Dickinson, *Rolling Stone*, 16 de abril de 2013. *http://www.rollingstone.com/politics/news/conservatives-push-marijuana-reform-in-congress-20130416#ixzz2w5PK924p*

LA ARQUITECTA

Entrevista de los autores con Alison Holcomb, Jeffrey Steinborn, Mason Tvert, Kayvan Khalatbari, Ethan Nadelmann, Tonia Winchester, Brendan Kennedy, dueños de dispensarios de mariguana de Seattle y Denver.

Texto perteneciente a la Iniciativa 502. *http://www.newapproachwa.org/sites/ newapproachwa.org/files/I-502%20bookmarked.pdf*

Página de la campaña a favor de la I-502. *http://www.newapproachwa.org/*

"Mom, the New Face of Marijuana Legalization", *ABC News*, 7 de agosto de 2012. *http://abcnews.go.com/blogs/politics/2012/08/mom-the-new-face -of-marijuana-legalization/*

"The ACLU's Marijuana Pioneer: If I Were Mayor", *Crosscut.com*, 15 de mayo de 2013. *http://crosscut.com/2013/05/15/2013-seattle-mayor-race-games/ 114292/aclus-alison-holcomb-if-i-were-mayor/*

"War on Drugs: Apparently, We've Got Money to Burn", blog de la Unión Americana de Libertades Civiles (ACLU). *https://www.aclu.org/blog/author/ alison-holcomb*

"Alison Holcomb: Pot Mama", *Seattle Weekly*, 25 de septiembre de 2012. *http:// www.seattleweekly.com/2012-09-26/news/alison-holcomb-pot-mama/*

Discurso de Jeffrey Steinborn en Hempfest. *https://www.youtube.com/watch?v =dIVHEb7_Okk*

Texto de la Iniciativa 1068. *http://www.sos.wa.gov/elections/initiatives/text/ i1068.pdf*

Respuesta oficial de NORML a la Iniciativa 502. *http://blog.norml.org/2012/ 02/24/normls-official-reply-to-patients-against-i-502/*

Intercambio de correos electrónicos entre Alison Holcomb y Douglas Hiatt. *http://list.hemp.net/pipermail/hemp-talk/2010-February/023768.html*

Respuesta de "Sensible Washington" a Alison Holcomb sobre la I-1068. *http:// sensiblewashington.org/blog/2010/sensible-washingtons-response-to-the -aclu-of-washingtons-refusal-of-support-for-i-1068/*

Texto de la Enmienda 64. *http://www.fcgov.com/mmj/pdf/amendment64.pdf*

Página de campaña en pro de la Enmienda 64. *http://www.regulatemarijuana.org/*

Evergreen, the Road to Legalization, documental sobre la Iniciativa 502.

LOS INVENTORES

Entrevista de los autores con Andy Joseph, Tripp Keber, Matthew Van Benschoten y Michael Pesce, Ross Kirsh, Amy Poinsett y Jessica Billingsley y Jane West.

Descripción de concentrados de cannabis de Cannlabs. *http://www.cannlabs. com/patient-resources/concentrates/*

World Drug Report 2014, capítulo dedicado al cannabis, UNODC. *http://www. unodc.org/documents/wdr2014/Cannabis_2014_web.pdf*

Apeks Supercritical. *http://www.apekssupercritical.com/*

Dixie Elixirs. *http://dixieelixirs.com/*

OpenVape. *http://www.openvape.com/*

MJ Freeway. *http://www.mjfreeway.com/*

StinkSack Secure. *http://www.stink-sack.com/secure/*

EL JUEZ

Entrevista de los autores con Mark Kleiman, Philip Heymann, Jonathan P. Caulkins, Alison Holcomb y Kevin Sabet.

"Marijuana Legalization. What Everyone Needs to Know", Jonathan P. Caulkins, Angela Hawken, Beau Kilmer, Mark A. R. Kleiman, Oxford University Press.

"Buzzkill", *The New Yorker*, 18 de noviembre de 2013. *http://www.newyorker. com/reporting/2013/11/18/131118fa_fact_keefe?currentPage=all*

"Nonprofit Motive", *Washington Monthly*, marzo, abril, mayo de 2014. *http:// www.washingtonmonthly.com/magazine/march_april_may_2014/features/ nonprofit_motive049293.php?page=all*

"How Not to Make a Hash Out of Cannabis Legalization", marzo, abril, mayo de 2014. *http://www.washingtonmonthly.com/magazine/march_april_may _2014/features/how_not_to_make_a_hash_out_of049291.php?page=all*

"How to Legalize Cannabis", *Ten Miles Square*, 26 de diciembre de 2013. *http:// www.washingtonmonthly.com/ten-miles-square/2013/12/how_to_legalize_ cannabis048373.php*

Proyecto SAM. *http://learnaboutsam.com/*

"Meet the Quaterback of the New Anti-Drug Movement", *Salon*, 13 de 2013. *http://www.salon.com/2013/02/13/meet_the_quarterback_of_the_new_anti _drug_movement/*

"The Corporate Takeover of Marijuana: How Not to Make a Hash Out of Marijuana Legalization", panel organizado por The New America Foundation. *https://www.youtube.com/watch?v=7bgfK0eQ68s*

"Legalising Cannabis Is More Than Just a Yes or No Decision", The Rand Blog. *http://www.rand.org/blog/2014/05/legalising-cannabis-is-more-than-just-a -yes-or-no-decision.html*

"How Big is the U.S. Market for Ilegal Drugs", Rand Corporation. *http://www. rand.org/content/dam/rand/pubs/research_briefs/RB9700/RB9770/RAND_ RB9770.pdf*

Blog The Reality-Based Community. *http://www.samefacts.com/*

Blog Marijuana Legalization. *http://www.marijuanalegalization.info/*

Sobre la evolución de la potencia del cannabis. *http://www.politifact.com/truth -o-meter/statements/2014/jan/24/patrick-kennedy/has-potency-pot -changed-president-obama-was-high-s/*

PRESIDENTES Y PENSADORES

Entrevistas de los autores con Fernando Henrique Cardoso, César Gaviria, Moisés Naím, Jonathan P. Caulkins y fuentes oficiales del gobierno federal de Estados Unidos, el gobierno de México y la Organización de las Naciones Unidas (ONU).

Informe de seguridad en América Latina de Seguridad, Paz y Justicia. *http:// www.seguridadjusticiaypaz.org.mx/*

Global Study on Homicide 2013, United Nations Office on Drugs and Crime (UNODC).

World Drug Report 2013, United Nations Office on Drugs and Crime (UNODC).

World Drug Report 2014, United Nations Office on Drugs and Crime (UNODC).

"Replanteando las relaciones entre Estados Unidos y América Latina. Una alianza hemisférica para un mundo turbulento", informe de la Comisión Alianza para las Américas, Institución Brookings, noviembre de 2008.

"Drogas y Democracia: Hacia un cambio de paradigma", declaración de la Comisión Latinoamericana Sobre Drogas y Democracia, febrero de 2009. *www.drogasydemocracia.org*

"Guerra a las Drogas. Informe de la Comisión Global de Políticas de Drogas", junio de 2011. *www.globalcommissionondrugs.org*

"Convención Única de 1961 sobre Estupefacientes", Organización de las Naciones Unidas (ONU). *www.un.org*

Discursos de Juan Manuel Santos, presidente de Colombia; Otto Pérez Molina, presidente de Guatemala, y Felipe Calderón, presidente de México, ante la Asamblea General de la ONU, septiembre de 2012.

"National Drug Control Strategy. FY 2011 Budget Summary", Executive Office of the Presidente of the United States.

"National Drug Control Budget. FY 2012 Funding Highlights", Executive Office of the Presidente of the United States.

"Posture Statement of General John F. Kelly, United States Marine Corps. Commander, United States Southern Command". Senate Armed Services Committee, marzo de 2014.

"Ending the War on Drugs", informe del Grupo de Expertos de la London School of Economics (LSE), LSE Ideas.

"The War on Mexican Cartels. Options for U.S. and Mexican Policy Makers", informe final del Grupo Estudiantil de Políticas de Seguridad Nacional del Instituto de Política de la Universidad de Harvard.

Tasa de homicios de Colombia 1964-2001. Instituto de Medicina Legal.

Entrevista de José Mujica con TVE. *https://www.youtube.com/watch?v= aaLCZ14qwF4*

"Si los vecinos legalizan", reporte técnico, Alejandro Hope y Eduardo Clark, octubre de 2012, Instituto Mexicano para la Competitividad (IMCO).

"Reducing Drug Trafficking Revenues and Violence in Mexico", Beau Kilmer, Jonathan P. Caulkins, Brittany M. Bond y Peter H. Reuter, RAND Corporation, 2010. *http://www.rand.org/content/dam/rand/pubs/occasional_papers /2010/RAND_OP325.pdf*

"What Exactly Did that RAND Study Say About Cartels and Marijuana?", Marijuana Policy Project Blog, 13 de octubre de 2010. *http://blog.mpp.org/*

tax-and-regulate/what-exactly-did-that-rand-study-say-about-cartels-and-marijuana/10132010/

"Cartels Face an Economic Battle", *The Washington Post*, 7 de octubre de 2009. *http://www.washingtonpost.com/wp-dyn/content/article/2009/10/06/AR2009100603847.html*

Declaración de Richard Nixon sobre la intensificación del Programa para Control y Prevención del Abuso de Drogas, 17 de junio de 1971. *http://www.presidency.ucsb.edu/ws/?pid=3047*

Mensaje especial de Richard Nixon al Congreso de Estados Unidos sobre drogas, 17 de junio de 1971. *http://www.presidency.ucsb.edu/ws/?pid=3048*

Cronología de 30 años de guerra contra las drogas, *Frontline*, cadena PBS. *http://www.pbs.org/wgbh/pages/frontline/shows/drugs/cron/*

"U.S. War on Drugs Has Failed, Report Says", *Los Angeles Times*, 27 de noviembre de 2008. *http://www.latimes.com/world/la-fg-mexdrugs27-2008nov27-story.html*

"El otro Estado", Mario Vargas Llosa, *El País*, 10 de enero de 2010. *http://elpais.com/diario/2010/01/10/opinion/1263078011_850215.html*

"La marihuana sale del armario", Mario Vargas Llosa, *El País*, 1 de julio de 2012. *http://elpais.com/elpais/2012/06/29/opinion/1340962562_348677.html*

EPÍLOGO

"No, Legal Pot Hasn't Turned Colorado into a Crime-ridden Wasteland", *Vox*. *http://www.vox.com/2014/6/3/5770342/no-legal-pot-hasnt-turned-colorado-into-a-crime-ridden-wasteland*

"The Clintons Seem a Lot More Relaxed on Pot", *Vox*. *http://www.vox.com/2014/6/25/5841232/the-clintons-seem-a-lot-more-relaxed-on-marijuana/in/5452637?utm_medium=social&utm_source=facebook&utm_campaign=ezraklein&utm_content=thursday*

"Can Uruguay Kill Drug Cartels by Legalizing Marijuana?", *Vox*. *http://www.vox.com/2014/6/12/5798194/can-uruguay-kill-drug-cartels-by-legalizing-marijuana/in/5452637*

"Medical Marijuana Questions and Answers", Dan Goldberg, *Capital New York*, *http://www.capitalnewyork.com/article/albany/2014/01/8539379/medical-marijuana-questions-and-answers?top-featured-2*

"After Five Months of Sales, Colorado Sees the Downside of a Legal High", Jack Healy, *The New York Times*, 31 de mayo de 2014. *http://www.nytimes.com/2014/06/01/us/after-5-months-of-sales-colorado-sees-the-downside-of-a-legal-high.html*

"Congress Can Stop Federal Marijuana Raids", Ethan Nadelman, Grover Norquist, *The Daily Caller*, 27 de mayo de 2014. *http://dailycaller.com/2014/05/27/congress-can-stop-federal-medical-marijuana-raids/*

Informe de recaudación fiscal del estado de Colorado, mayo de 2014. *http:// www.colorado.gov/cs/Satellite/Revenue-Main/XRM/1251633259746*

"A Futile War on Drugs that Wastes Money and Wrecks Lives", George Soros, *Financial Times*, 5 de mayo de 2014.

"Ending the War on Drugs", informe del Grupo de Expertos de la London School of Economics (LSE), LSE Ideas.

"España, nueva meca del cannabis", Daniel Verdú, Alberto García Palomo, *El País*, 14 de junio de 2014. *http://sociedad.elpais.com/sociedad/2014/06/13/ actualidad/1402684898_507332.html*

World Drug Report 2013, United Nations Office on Drugs and Crime (UNODC).

World Drug Report 2014, United Nations Office on Drugs and Crime (UNODC).

AGRADECIMIENTOS

Es agradable escribir la última página de un libro para agradecer a las personas que lo hicieron posible. A nuestras familias, por el cariño y el apoyo, desde el principio, y a pesar de las distancias. A las personas que vivieron este proceso de cerca, que escucharon, aconsejaron y acompañaron, en especial, a Heidi Taksdal Skjeseth, Alex Villarino, Alberto Armendáriz, Emma Reverter y los escritores del bar polaco. A Michelle Tay, por la foto de portada. A los legalizadores que nos brindaron su tiempo para responder nuestras preguntas. A Carmina Rufrancos, que estuvo con nosotros desde que sólo existía una idea, y a Salvador Camarena y Ricardo Alday, que nos condujeron hasta ella.